传统文化在中小学道德与法治教学中的应用研究

轩丽丽　王　维　吴优琴◎著

线装書局

图书在版编目（CIP）数据

传统文化在中小学道德与法治教学中的应用研究/
轩丽丽，王维，吴优琴著.--北京：线装书局,，2024.2
　　ISBN 978-7-5120-5976-4

　　Ⅰ.①传… Ⅱ.①轩…②王…③吴… Ⅲ.①政治课
－教学研究－中小学 Ⅳ.①G633.202

中国国家版本馆 CIP 数据核字(2024)第 057855 号

传统文化在中小学道德与法治教学中的应用研究
CHUANTONG WENHUA ZAI ZHONGXIAOXUE DAODE YU FAZHI JIAOXUE
ZHONG DE YINGYONG YANJIU

作　　者：轩丽丽　王　维　吴优琴

责任编辑：王志宇

出版发行：线裝書局

　　　　　地　址：北京市丰台区方庄日月天地大厦 B 座 17 层（100078）
　　　　　电　话：010-58077126（发行部）010-58076938（总编室）
　　　　　网　址：www.zgxzsj.com

经　　销：新华书店

印　　制：北京四海锦诚印刷技术有限公司

开　　本：787mm×1092mm　　1/16

印　　张：11.25

字　　数：205千字

版　　次：2024年2月第1版第1次印刷

定　　价：78.00 元

线装书局官方微信

前　言

当代教育正面临着巨大的机遇和挑战，新技术和社会变革正在塑造社会和文化。在这个变革的浪潮中，中小学教育不仅需要传递知识，还需要培养学生的道德观念和法治意识。在这个过程中，传统文化扮演着重要的角色。

传统文化中蕴含着丰富的价值观念，通过传统文化的教育，学生可以学习价值观念，并将其应用到现实生活中，形成正确的道德观念。传统文化中也包括了许多法治思想，如尊重法律、遵纪守法等。这些法治思想为学生提供了遵守法律和规则的基础，有助于他们成为有担当的公民。

基于此，本书以"传统文化在中小学道德与法治教学中的应用研究"为题，在论述文化与传统文化的界定、传统文化的特征与内容、优秀传统文化的当代价值、中小学优秀传统文化素养培养的基础上，分析优秀传统文化教育与传承；然后，讨论中小学道德与法治教学的原理体系、中小学道德与法治教学的完善策略；接下来探讨传统文化在中小学道德与法治教学中应用的背景，以及传统文化在中小学道德与法治教育教学中的渗透；最后，研究传统文化在中小学道德与法治教学中的应用策略。

本书体系完整，视野开阔，对传统文化在中小学道德与法治教育中的应用进行了全面的探讨，覆盖价值观念、法治思想、教育方法等多个方面，提供了一个全面的视角。语言通俗易懂，使广大读者能够轻松理解和吸收其中的知识，无论是教育从业者、学生、家长，还是其他社会成员都可以受益。

笔者在本书的写作过程中，得到了许多专家学者的帮助和指导，在此表示诚挚的谢意。由于笔者水平有限，加之时间仓促，书中所涉及的内容难免有疏漏之处，希望各位读者多提宝贵意见，以便笔者进一步修改，使之更加完善。

目　录

第一章 传统文化的认知

第一节 文化与传统文化的界定

一、文化的界定

（一）文化的概念

在中国固有的语言系统中，"文化"是"文"与"化"这两个字的复合。"文"字最早可见于商代甲骨文，像身有花纹袒胸而立之人，后引申为各色交错的纹理，并进而引申为文物典籍、礼乐制度、文德教化等。"化"字出现稍晚，不见于甲骨文，有改易、变幻、生成诸义，初指事物形态和性质的改变，后被引申用于教行、迁善等社会意义。"文""化"二字的复合使用，是春秋战国以后的事情。在汉语系统中，"文化"一词的本义是指以文德教化天下，这里面既有政治主张，又有伦理意义。

随着社会发展，"文化"一词是指人类主体通过各种有意识、有目的实践活动，实现的对于自然和社会客体的适应、利用和改造。人类有意识、有目的的实践活动，其出发点是对自然和社会客体的利用、适应和改造，其落脚点既表现为各种自然形态、功能的不断改观和发展，同时也表现为人类个体与群体素质的不断提高与完善。所以，文化的定义是：人类有意识地作用于自然界、社会，乃至人类自身的一切活动及其结果。

文化在当代中国经济社会发展的需求下，需要有浓厚的中国特色，又必须符合广大人民内心意愿与根本利益，适应世界文明进步潮流与发展方向；有利于促进社会主义现代化建设，使文化、科学技术水平快速发展。国家繁荣与民族富强，必须以兴盛的先进文化为支柱力量。我国传统文化具有深远历史根脉，大力弘扬中国特色浓郁的先进文化，既能够推动并促进社会主义文化繁荣发展，也可以丰富社会民众精神世界，赋予社会民众无穷的精神力量，为中国特色社会主义文化大国与文化强国的建设增光添彩。

（二）文化的结构

1. 表层——物质文化

构成文化基础的物质文化，是文化中活跃程度最高的因素。人类的物质生产行为带来的后果总和统称为物质文化。作为人与自然之间关系的直接反映，物质文化是人类认识自然、利用自然、改造自然的效果呈现。人类为了自身生存与发展，必须满足衣、食、住、行等方面的基本生活需要，为了实现这方面目标，个体需要运用劳动工具发挥自身工艺技术，从而影响、改变甚至改造传统物质文化原初形态。在人类漫长进化历程中，利用自然资源谋求个体生存与发展条件，并将自然环境转化为丰富的物质文化，创造出层出不穷的物质文化产品，正是物质文化起源与诞生的典型镜像。

物质文化久经时间的积淀，最终凝聚为精神文化、制度文化以及行为文化。我国传统农业社会形成的复杂宗法关系，围绕年龄、辈分与职业，形成群体中不同个体在衣、食、住、行等方面的差异化规则。

2. 中层——制度文化和行为文化

社会活动的参与者，必须妥善调节各种人际关系，由此形成社会成员普遍遵守并且共同认可的行为规程与办事准则，是社会正常运转所需的制度。人类在社会实践过程中，会约定婚姻家庭成员认可的法律制度，以及社会成员应该遵守其他经济制度等理念规范和行为准则。具有主观意识的个体以社会实践为经验总结基础，创造出来的客观制度，对社会成员思想与行为产生制约效力。文化系统中权威性最强的文化种类，是规定文化整体性质的制度文化。

行为文化是制度文化时代内涵的直接反映，在更深的层面上又会受到精神文化影响和约束。人类久经社会实践的历练，形成复杂的人际关系，以及约定俗成的交往习惯，这种在日常生活中以风俗习惯形式出现的、具有鲜明时代特征和民族特征的行为模式，就是行为文化。

约束社会成员个体行为的制度规范，既可能是他律、有形并且强制性特点鲜明的物质实体，也可能是自律非物质性、毫无强制色彩的无形精神与内在良知，包含价值、道德与审美观念在内的行为文化。时代特征的显著行为文化具有与时俱进、常变常新的发展特点。

3. 深层——精神文化

作为文化整体核心的精神文化，是在人类长期有意识地社会实践活动中形成的总体社会心理意识，并具体表现为特定民族的道德情操、价值观念、思维方式、审美趣味、性格特点和民族情感等。

精神文化可以具体划分为社会意识和社会心理两个层次。社会意识主要指社会心理系统加工后的主要成果，既表现为思想、观念与信仰的定性归纳，又表现为社会存在的深刻反映与物化展示。社会心理指受物质文化影响以及制度文化约束，与行为文化具有互融、互相作用与联系，并且零散存在的大众心理。

民族与时代特点鲜明的精神文化，可以通过文学与艺术作品，反映特定时期个体的情趣追求与愿望需求。文学作品的艺术风格与思想内容，必然反映作品诞生时代的精神文化。

二、传统文化的界定

作为动态发展的历史性概念，中国文化超越国家实体的具体限制，成为具有地域含义的专属名词。中华世代相传的信念、制度与行为，构成表现事物本质的内在传统。历经漫长发展形成的传统文化，内含各个民族的稳定文化形态。民族文化在日常生活中的现实展示，实质上是主导精神特定内涵的灵活再现。文化是民族价值取向的负载形式，既能影响民族认同感的凝聚，又可以改变特定群体的生活与行为方式，因而具有重要的现实意义。

中华民族团结一心、砥砺奋进、与时俱进、继往开来，共创美好未来的基础，正是历经漫长发展后形成的中华传统文化。这种中华民族代代相传的稳定文化形态，既包括物质层面的文物典籍、礼仪制度、文学艺术和科技教育等，也包括精神层面的道德情操、风俗习惯、思想观念与行为和生活方式等。

（一）传统文化的概念

所谓传统文化，是指在长期的历史发展过程中形成和发展起来的，保留在每一个民族中间具有稳定形态的文化。传统文化是一个民族的历史遗产在现实生活中的展现，有着特定的内涵和占主导地位的基本精神。它负载着一个民族的价值取向，影响着一个民族的生活方式，聚拢着一个民族自我认同的凝聚力。

中国传统文化，是指在长期的历史发展过程中形成和发展起来的，保留在中华民族中间具有稳定形态的中国文化，包括思想观念、思维方式、价值取向、道德情操、生活方式、礼仪制度、风俗习惯、文学艺术、教育科技等诸多层面的丰富内容。

中国文化、中华民族多元一体的发展格局，决定了中国传统文化具有了综汇百家优长、兼集八方智慧的显著特点。这个特点，不仅体现在它的形成之际，也还保留在它的发展之中。所以，不论在哪个历史时期，中国传统文化都能够及时地吸收时代精神要义，不断地实行自我更新，自我完善，以适应社会发展的需要。数千年来，中国传统文化成功地保护和维系了中华民族的持续发展，并长期处于世界领先地位。

（二）传统文化的类型

1. 根据地理环境分类

任何民族的文化，其产生、衍变、丰富、发展都是在特定的地理环境中，在独特的经济和社会土壤里完成的。中国因地域广阔复杂，自古就形成了不同的文化类型，即河谷型、草原型、山岳型和海洋型文化。河谷型文化的特点是内聚力和容纳性强；草原型文化特点是流动性和外向性明显；山岳型文化特点是封闭性和排他性突出；海洋型文化特点是开放性和冒险性较强。河谷型文化是一种以农业为主体的混合型文化，有较大的伸缩性和较强的适宜性，有很强的容纳、吸收和同化其他文化的潜力，所以几千年来不断融合和同化了诸多的草原、山岳和海洋文化，使它的内涵日益丰富和充实起来，始终保存着自己的发展基因。

2. 根据观念文化和生产方式的联系分类

按照观念文化和一定生产方式的内在联系进行分类，将文化分为农业文化、工商文化和游牧文化等。中国文化孕育诞生在一个农业社会的母体之中，大约在氏族社会后期，中国就进入了以种植经济为基本方式的农业社会，其后农业经济一直是中国古代社会经济的主干。纵观中国农耕文化从萌芽到发达的历史，其经济结构的许多特色在相当程度上给中国文化以影响。长期的农耕生活对中华民族社会心理、思维方式的形成起到极为关键的作用，人们安土重迁，追求生活的稳定与安宁。

（三）传统文化的影响因素

中国传统文化，是在中国人民脚下这片特殊的土壤中产生和发展起来的。中华大地的生态资源和人文地理条件，是中国传统文化赖以生存发展的环境基础。文化是人类劳动的产物。在长期的历史发展过程中，历代中国人民共同创造的灿烂物质文明成果，是中国传统文化产生和发展的基础。中国传统文化形成和发展的过程，同时也是中华民族、中国国家形成和发展的过程，中华民族是中国传统文化的创造主体，而中华国家文明的形成和发展，则为中国传统文化的发展提供了特殊的社会历史环境。这一切，对中国传统文化的发展面貌及其特征产生了重要的影响。

1. 地理环境的影响

任何文化的生成和发展，总是在一定的地理环境下进行的。地理环境包括两个方面的内容：自然地理环境和人文地理环境。不同的地理环境，是不同的文化类型和不同的文化特性产生的内在物质基础。考察中国传统文化，应该对中华文化赖以生存的自然地理环境，有一个总体性的了解和把握。

地理、气候环境是人类生存发展并且依以创造文化的物质基础。不同的地理、气候环境，对于不同文化类型的生成及其发展趋向，具有重大影响。由于人类对地理、气候环境的利用从来没有达到极限，不同地区、不同时期的人类，对地理、气候环境的利用程度和利用方式并不一致，所以，在大致相同的地理、气候环境中的活动结果也会不同，因此产生不同的文化类型。地理、气候环境在中国传统文化形成与发展过程中，客观上存在着方方面面的影响。

2. 社会经济的影响

社会经济因素可以促进传统文化的发展和保存。经济繁荣通常有助于传统文化的维护和传承。当社会经济状况良好时，人们更有时间和资源来支持文化活动，例如文化节庆、艺术表演和博物馆。此外，经济繁荣还可以提供文化保护和恢复所需的经费，确保历史文物和文化传统得以保留。

社会经济因素也可能对传统文化构成威胁。当一个国家或地区的经济状况恶化，人们可能不再将传统文化视为首要关注点。他们可能面临更迫切的经济挑战，不得不放弃传统文化活动，以谋生。这可能导致传统技艺的流失，传统习俗的减少，甚至文化传承链的断裂。

此外，全球化和社会经济因素也可以导致文化的交流和融合。随着国际贸易和移民的增加，不同文化之间的接触变得更为频繁。这可能导致传统文化受到外部文化的影响，有时甚至融合。虽然这种文化融合可能丰富了文化多样性，但也可能导致传统文化元素的丧失。

社会经济因素还可以影响文化产业的兴盛。文化产业包括电影、音乐、艺术和手工艺品等领域，可以在国家或地区的经济中发挥重要作用。社会经济因素可以影响人们对文化产品和活动的支出，进而影响文化产业的繁荣。经济困难可能导致文化产业的不景气，而经济增长可能刺激文化产业的兴盛。

社会经济因素对传统文化的影响是复杂而深刻的，它可以同时促进和威胁传统文化的发展和保存，还可以促进文化交流和融合，以及影响文化产业的繁荣。因此，在制定政策和策略时，应仔细考虑社会经济因素，以确保传统文化的持久性和繁荣。

第二节　传统文化的特征与内容

一、传统文化的特征

（一）融合性与凝聚性特征

由于中国幅员辽阔，不同地区的文化发展不同。不同地区具备不同民族的文化发展特色，其中以中原文化作为核心的文化借鉴因素，形成各具特色的文化发展道路。中华传统文化在面对其他国家文化发展的同时，能够保持一个开放的发展心态，有着海纳百川的包容性和强大的同化力。

中国传统文化在经过融合、包容其他文化后，凝聚成中华民族特有的精神文化。中国文化正是以其宽广的胸怀与气魄，积极接纳来自世界各地的先进文明，才得以形成独具特色的中国文化，形成强大的民族凝聚力。因此，中华文明才会生生不息，延续至今。

（二）生命力与发展创新性特征

中国是文明起源最早国家之一，已经具备较为悠久的历史发展历程。在古代的四大文明中，中华文化保持原有文化发展特色。中华文化经久不衰，在历史发展长河中薪火相传，说明中华文化具有独特的文化发展优势，充分保持自身文化发展的雄厚底蕴，这是中华优秀文化发展特征之一。

中华传统文化经历较长文化发展而得到传承，在不断学习前人优秀文化发展的同时，也要适应当代社会发展总体趋势，及时进行改革。同时，在发展中积极与其他文化进行融合与发展，丰富其文化发展基本内涵，在发展过程中进行融合，在原有基础上进行完善与发展。

（三）民族性与世界性特征

"中华文化有其独特的生成演进环境，这使她既具有文明与文化的一般共性，更具有独特个性和民族性。"① 中国传统文化的发展代表中国悠久的文化发展特征，具备本民族

---

① 　杨艳秋. 中华传统文化基本特征刍议 ［J］. 中华文化论坛，2022（03）：22.

文化发展的独特性。各国文化发展不断变化，在文化融合中相互借鉴，形成具备各国发展特色的文化发展特征。随着时间推移，各个民族的文化在进行交流的同时，形成统一发展的全球文化。各个民族的文化进行交流时，要在共性中求发展，保持民族发展优势。

全球本身是一个多元文化发展的有机统一体，没有实际的多样性发展存在，世界文化发展就会失去存在意义。中国传统文化发展过程中应保持积极的、开放的学习态度，与其他各具特色的文化进行及时交流与合作，实现优势互补，吸收和借鉴其他民族和国家文化精髓。中华民族的文化精髓在国际文化交流中不断传播到世界各地，很多非物质文化遗产在世界各地得到广泛传播与发展，获得全世界人民的喜爱。

二、传统文化的内容

传统文化是一个国家或社会的文化遗产，它包括了一系列的价值观、信仰、习惯、艺术和制度，通常代代相传，并在社会中发挥着深远的影响。传统文化具有多重层面，可以从以下角度进行分析：

第一，历史传承与根基。传统文化反映了一个社会或国家的历史根基。它通过代际传承的方式，将过去的经验、知识和智慧传递给后代，以维护文化的连续性。传统文化作为历史的承载者，有助于人们理解自己的根源，以及过去事件对现今社会的影响。

第二，语言和文字。传统文化常常与特定的语言和文字相关联。语言不仅仅是一种交流工具，还承载了文化的历史、智慧和价值观。传统文化通常包括古老的文字、诗歌、谚语和神话故事。

第三，哲学。传统文化通常与哲学有着紧密联系。哲学思想是传统文化的核心元素，它们为人们提供道德准则、信仰体系和生活意义。例如，中国的儒家思想强调道德和家庭价值，而佛教教义强调慈悲和悟性。

第四，社会组织和价值观。传统文化塑造了社会的组织结构和价值观念。它可以影响人们对权威、家庭、社会等的看法，并规定了行为准则。例如，日本的武士道强调忠诚和荣誉，而印度的种姓制度在社会结构中扮演了重要角色。

第五，艺术和文学。传统文化的艺术和文学表现形式多种多样，包括绘画、音乐、舞蹈、文学作品等。这些表现形式不仅是审美体验，还承载了文化的价值和历史信息。例如，中国的书法被认为是一种高度艺术的形式，它表达了美学和哲学的理念。

第六，习俗和传统庆典。传统文化中的习俗和庆典反映了社会的日常生活和重要时刻。这些活动如婚礼、节庆、葬礼等，都代表着文化的特殊仪式和社会凝聚力。例如，印度的排灯节象征着光明战胜黑暗，而中国的春节则庆祝新年和家庭团聚。

第七，建筑和工艺。传统文化的建筑和工艺展示了技术传承和材料利用的独特方法。不同地区的建筑风格和手工艺品常常反映了地方特色和历史。

总之，传统文化是一个社会或国家的宝贵财富，它包括多个方面。通过深入理解和尊重传统文化，人们可以更好地维护文化的连续性，促进文化多样性，以及从传统智慧中汲取启发，以解决现代社会面临的挑战。

第三节　优秀传统文化的当代价值

一、凝聚整合价值

文化凝聚力量，文化整合思想。中华优秀传统文化是中华民族共同的精神家园和文化标识，在民族精神凝聚整合方面始终发挥着重要作用。特别是随着世界多极化、经济全球化深入发展，文化多样化、社会信息化持续推进，各种思想思潮激烈碰撞，各种利益矛盾交织出现，各种危险考验长期存在，尤其需要中华优秀传统文化发挥凝聚整合作用。

（一）强化民族认同

民族认同感，是民族成员对自己民族产生的认可和赞同的情感。这一情感既包括对自己民族身份的认可，即对"我属于这个民族"的认可；也包括对自己民族身份的赞同，即对"这个民族很伟大"的赞同。"认可"与"赞同"的情感相互强化，共同组成民族认同感，成为民族产生凝聚力的情感基础。这个基础牢固，民族凝聚力就强大；反之，民族凝聚力就弱小。能够强化民族认同的因素很多，民族的传统文化无疑是最重要的因素之一。

当今中国，在经济全球化的浪潮中，着眼实现中华民族伟大复兴的宏伟目标，更应该强化全体中华儿女的民族身份认同，从而夯实民族凝聚力的情感基础。中华优秀传统文化是包括56个民族在内的中华民族共同创造的文化成果，是中华民族共同的文化标识，是包括海外华人华侨在内的所有中华儿女的共同精神家园。中国孔子、孟子、老子、庄子等的哲学思想，春节、清明、端午、中秋等传统节日，汉服、唐装、旗袍等传统服饰，长城、故宫、兵马俑等历史古迹，屈原、岳飞、文天祥等忠臣良将，李白、杜甫、苏轼等古典诗人，《红楼梦》《三国演义》《水浒传》《西游记》等古典小说，这些都是中华民族的文化标识，都是产生和强化共同身份认同的文化符号。传承和弘扬中华优秀传统文化，就是对民族文化标识的反复强调和不断确认，就是对中华儿女民族身份的反复强调和不断确认，可以极大增强中华儿女的民族认同感。

（二）整合思想认识

中华优秀传统文化是中华民族共有的精神家园。在这个精神家园里，社会理想、发展理念、价值观念、思维方式、审美品位、心理习惯等有着很大的相似性和一致性，这恰恰可以成为整合思想认识的重要基础。

中华优秀传统文化具有整合思想认识的价值。它博大精深的思想内容、包容创新的优秀品质，能够引起广泛的思想共鸣，整合思想共识，汇聚智慧力量，从而减少发展的思想阻力，增强发展的精神动力。

（三）维护团结统一

维护民族团结统一，既是实现中华民族伟大复兴的应有之义，也是实现这一伟大梦想的必要条件。实现中华民族伟大复兴必须凝聚中国力量，这个力量就是全国各族人民大团结的力量。我国是一个有着 14 亿多人口、56 个民族的大国，只要保持团结统一、万众一心，再大的困难也能克服，伟大的梦想也一定能实现。维护中华民族的团结统一，可以充分发挥中华优秀传统文化这个天然的坚强的文化纽带作用。

中华优秀传统文化是促进各民族、各区域融为一体的文化熔炉。中华优秀传统文化，特别是其中优秀的语言文字、文学艺术、思想理念、伦理道德、节日风俗、饮食服饰等，如同一个巨大的文化熔炉，各民族、各区域在其中交流融合，形成了民族多元一体、文化多样和谐的统一整体。

（四）激发精神力量

中华优秀传统文化包含着物质和精神两方面的内容，二者缺一不可。物质层面的文化承载着文化素养、审美情操等强大的东方智慧，精神层面的文化通过文学作品、法律制度等实质性的东西得以展现。中华优秀传统文化中蕴含着中华民族普遍认同和广泛接受的道德尺度、思想品格和价值取向，具有极为丰厚的思想内涵。它着重强调中华儿女的历史使命感与社会责任感等具有"大国精神"的精神理念，是以爱国主义精神为核心的民族精神的集中体现。

将中华优秀传统文化的精神内涵融入我们当前的教育中，必能在促进青少年全面发展的前提下，增强学生的民族自信心和爱国主义情怀。当然，中华优秀传统文化的精神内涵并不局限于中国领土范围内，它既重视培育人们的民族自豪感、文化自信心，又注重引导人们"立足本国，放眼世界"。

二、借鉴启发价值

中国历史悠久，积累了丰富的历史经验，形成了鲜明的发展理念，产生了深刻的治国理政智慧，其中的优秀部分至今仍具有巨大价值，能够为今天中国的发展提供有益的借鉴启发。

（一）提供历史经验借鉴

中华民族历史悠久，在漫长的历史进程中，积累了丰富的历史经验教训，可资当代借鉴。

中国历史上创造过很多值得称道的盛世，如汉朝的"文景之治""汉武盛世"，唐朝的"贞观之治""开元盛世"，明朝的"永乐盛世""仁宣之治"，清朝的"康乾盛世"等。这些时代，国家能够保持长期的社会稳定、政治清明、经济发展、百姓安居、民族和谐、文化繁荣，因此成为后世借鉴成功经验的典范。

（二）提供发展理念启发

中华民族在长期的发展过程中，形成了极具民族特色、极为深刻博大的发展理念，对中华民族的发展壮大产生过极其重要的影响和作用，对于今天的治国理政仍具有重要启发意义。

1. "民惟邦本"理念

"民惟邦本"强调国家的根本在于人民，这一理念对治国理政产生了深远的影响。今天，可以从中汲取思想精华，进一步发展这一理念。它提醒人们坚持以人民为中心的发展思想，这意味着政策和决策应该优先考虑人民的福祉。政府应该积极多谋民生之利，通过提高社会保障、改善医疗、教育和住房条件等手段，让人民享受更多发展成果。此外，还要致力于解决人民的痛点和忧虑，努力消除贫困现象，实现共同富裕，确保每个公民都能分享国家发展的机会和红利。

2. "德法合治"理念

"德法合治"强调道德与法治的相辅相成。在治国理政中，需要处理好"法"治和"德"治的关系。法律是社会秩序的基础，但没有道德支撑，法律难以发挥作用。因此，需要推进全面依法治国，同时注重道德建设。这意味着不仅要制定和执行法律法规，还要培养公民的道德意识和社会责任感。通过道德建设，可以更好地打牢依法治国的道德基础，确保法治的有效实施。

3. "法古革新"理念

"法古革新"理念表明在治国理政中要处理好传统与改革的关系。它认为传统与革新是辩证统一的，不可偏废。好的传统应该继承，包括宝贵的文化遗产和智慧。坏的传统则需要革新，以适应现代社会的需求。这一理念告诉我们，政府和社会要勇于改革创新，同时坚守优良传统，从中汲取智慧和营养。这种平衡将有助于实现社会的持续发展和进步。

三、德育教化价值

加强精神文明建设，提高全民族道德素质，在全社会培育和践行社会主义核心价值观，是一项重要而紧迫的任务。中华民族历史上形成了许多宝贵的德育教化资源，积累了丰富的道德教化经验，在今天依然能够发挥巨大价值。

中国传统德育教化资源是中华优秀传统文化的重要组成部分，它既包括中华传统美德提倡的道德规范，也包括践行这些道德规范的道德典范。

（一）中华传统美德

中华民族是一个崇尚道德的民族，伦理道德在传统文化中占据至高无上地位。如儒家提出的仁、义、忠、诚、孝、悌、慈、敬等，以及后来形成的"三纲""五常""三从""四德"等。这些传统道德规范中虽然有很多糟粕，但主流是中华民族的传统美德。这些传统美德是中华优秀传统文化的精髓，有着深远的历史积淀和深厚的民意基础，是中国老百姓几千年来认可、赞同、习惯了的道德规范，因此它们在古代曾发挥过重要作用。当前，社会主义核心价值观从某种程度上说它是对中华传统美德的当代升华，是传统美德与时代精神的有机结合。因此，在培育和践行社会主义核心价值观的过程中，要注重用中华传统美德滋润心灵、教化大众。

（二）传统道德典范

榜样的力量是无穷的。我国历来重视榜样教育，把一些道德典范作为"见贤思齐"的榜样，培养人的品格，引导人的行为。中国古代经典《三字经》善于用道德典范进行道德教育，把"香九龄，能温席""融四岁，能让梨""如囊萤，如映雪"等优秀榜样或优秀事迹作为儿童模仿学习的对象。《二十四孝》用二十四个孝子的孝亲故事，培育孩子的孝心孝行，这些孝子也成为古代人民群众耳熟能详、赞扬学习的道德模范。在中国历史上，许多践行中华传统美德的典范，他们的高尚品格和崇高行为具有永不褪色的价值。以"爱国"为例，屈原、霍去病、苏武、花木兰、范仲淹、岳飞、文天祥、于谦、袁崇焕、林则徐、邓世昌等，他们的爱国精神和爱国事迹依然可以成为今天爱国主义教育的优秀榜样。

四、审美娱乐价值

在中华优秀传统文化中，传统文学艺术作品不仅数量大，而且质量高，是中华民族的文学瑰宝。从内容上说，传统文艺不仅包括古代诗歌、散文、小说、戏剧等文学作品和绘画、书法、建筑、雕刻、音乐等艺术作品，还包括历史、哲学等方面的作品。文学艺术具有认识功能、教育功能、补偿功能、交际功能等多重功能，但最根本、最主要的还是审美娱乐功能。文艺作品的审美娱乐价值，既包括直接地丰富精神生活的价值，也包括间接地提升精神品格的价值。中国传统文学艺术，对于今天依然具有这两个方面的巨大价值。

(一) 丰富精神生活

人类的生活包括物质生活和精神生活，人类的需要也包括物质需要和精神需要。人要满足衣食住行等生理需要，必须创造和消费物质财富。同样，人要满足精神需要，也必须创造和消费精神财富。文学艺术可能是人类最早产生、最为重要的精神财富种类之一，它通过特有的美感满足人类的精神需要，丰富人类的精神生活。中国传统文学艺术，因其独特的艺术魅力，能够使人"兴感怡悦"，能够丰富人们的精神生活。今天，它依然可以通过娱乐、补偿、纾解等审美方式，缓解人们精神上的空虚、缺憾、郁闷等负面情绪，从而丰富我们的精神生活。

1. 愉悦

艺术最直接的功能就是娱乐功能，任何艺术都可以愉悦人的精神世界。艺术之所以具有娱乐功能，是因为艺术的产生与游戏有着密切关系。艺术发源于游戏，人们创造艺术的最初目的就是愉悦精神。中国传统的文学、音乐、舞蹈等作品，具有很强的娱乐成分。中国传统的文艺作品，如唐诗宋词元曲等诗歌、四大名著等小说、《史记》《汉书》等历史著作、《庄子》《孟子》等哲学著作，对于今天依然具有很强的娱乐价值。

2. 补偿

人类的生活经常受到各种局限，如时间局限、空间局限、情感局限、地位局限等。因为这些局限，人的生活是不完美、有缺憾的。这种缺憾可以通过文艺得到一定程度的补偿。中国传统文学艺术能够丰富人的精神生活，其中一个重要表现就是它可以在一定程度上补偿人的这些缺憾。例如,针对人的时间局限,传统文艺中有大量表现历史事件、历史人物和历史生活的作品,它们"通古今之变",人们可以从中找到回归历史的感觉。针对人的空间局限,传统文艺中有大量描绘中国名山大川的作品,它们纵横万里,使人有身临其境之感;针对人的情感局限,传统文艺中有大量表现人喜怒哀乐、爱恨情仇的作品,人们可以在这些作品中体会到各种情感,从而得到精神的慰藉;针对人的地位局限,传统文艺中描写了各种人的人生,人们可以从中体会各种人的生活苦乐。所以,中国传统文艺在今天依然具有很强的补偿价值。

3. 纾解

文艺除了愉悦人的精神、补偿人的缺憾之外,还可以纾解人的郁闷。人类生活中会遇到各种各样的曲折坎坷,会积累诸如阴郁、苦闷、焦虑等情绪,这些情绪可以在欣赏文艺作品过程中得到纾解。唐代诗人白居易在《琵琶行》中记载,他谪居期间欣赏了一曲琵琶,从而得到了精神上的纾解。中国传统文艺作品内容丰富、情感充沛,很多都可以作为纾解郁闷情绪的精神良药。

(二)提升精神品格

1. 净化心灵

人的心灵里不仅有真善美,也有假恶丑,艺术具有净化心灵的功能。艺术的作用犹如以水洗物,可以通过审美活动洗涤心灵上的狭隘、自私、虚荣、骄傲、仇恨、怯懦、贪婪、暴戾、嫉妒等肮脏的东西。中国传统文艺自然也具有这种功能,可以净化人的心灵。比如,从杜甫"安得广厦千万间,大庇天下寒士俱欢颜"的博爱中,净化心灵中的自私;从文天祥"人生自古谁无死,留取丹心照汗青"的义勇中,净化心灵中的怯懦。中国传统文艺蕴含着高洁、仁爱、义勇、忠诚、执着等正能量,可以发挥净化心灵的价值。

2. 陶冶情操

艺术在净化心灵的基础上,又具有陶冶情操的功能。它通过艺术美对人的刺激,如烧制陶器、冶炼金属一般,激发人的某种情感,使人具有相应的操守。中国传统文艺强调"文以载道",主张用艺术承载道义,达到思想性与艺术性的有机结合。这样的文艺作品,自然具有陶冶情操的功能。人们欣赏传统文艺的过程,也是陶冶情操的过程。以阅读传统文学作品为例,阅读苏轼的诗词文赋,会被他乐观豁达的性格打动,从而陶冶追求旷达的情操;阅读《水浒传》,会被鲁达、武松等好汉的侠义之举打动,从而陶冶追求正义的情操。

3. 提高品位

艺术的审美功能,还体现在提高人的品位上。中国传统文艺具有这样的功能。欣赏传统文艺可以提高人的审美品位。中国传统文艺作品数量多、质量高，欣赏这些作品，可以提高审美品位，提升审美素养。欣赏传统文艺作品，对于文艺创造者，可以提高创造美的能力，从而创造出更好的作品；对于文艺欣赏者，可以提高欣赏美的能力，从而获得更多的审美体验。此外，欣赏传统文艺可以提高人的精神品位。在欣赏传统文艺作品的过程中，人们欣赏美辨别美的能力提高的同时，会带来人精神品位的提高。例如，阅读《红楼梦》，一个人的审美品位会得到提升，同时其性情也可能会受到感染，精神品位得到提高。

第四节　中小学优秀传统文化的素养培养

中华优秀传统文化是中华民族文明跨越千年时光走出来的智慧结晶，它承载着中华民族独特的价值追求、生活方式、思维模式和处世办法。现代社会变化发展迅速，青少年更新信息的速度随之加快，接受新事物的能力也就越快。在这样快节奏的生活中，培养出具备爱国主义精神、集体主义精神和社会主义精神的建设者和接班人，提升学生的优秀传统文化素养显得尤为重要。基础教育阶段，正是学生生活习惯和行为规范养成的最佳时期，就像是大树的根，深深地扎进学生未来成长的沃土里。

"中小学校落实国家政策，积极构建中华优秀传统文化教育课程体系，有助于促进学校特色发展，促进学生全面健康发展。"[①] 根据中小学生的身心发展特点来培育学生的优秀传统文化素养，能够引领学生向着成为富有民族自信和责任担当的下一代新人而不懈努力，推动文化的传承与创新。

一、中小学生优秀传统文化素养的内涵

学生发展核心素养是指学生应具备的、能够适应终身发展和社会发展需要的必备品格和关键能力。传统文化素养就是基于核心素养而提出，其应是学生发展核心素养的重要组成部分。

优秀传统文化素养既包括中国传统文化中生生不息的精华部分，也包括适应时代进步和发展的创新转化部分，可以从爱国、修身、处世这三个层面进行阐发扩展，具体体现在国家认同、爱国情怀、人文积淀、审美情趣、健全人格、自我管理、社会责任等基本要点。优秀传统文化素养是中华民族时代价值的承载物，培养小学生优秀传统文化素养，在

---

① 　左小文. 中小学校中华优秀传统文化课程建设探析 [J]. 福建教育学院学报，2018，19（11）：16.

新时代有着独特的历史意义和现实意义。

学生道德品质和行为习惯的养成需要在中小学阶段打下良好的基础，中小学主要以培养学生对中华优秀传统文化的亲切感为主，从最浅易的文化入手，让学生逐步打开中华优秀传统文化世界的大门，感悟传统文化的魅力，初步建立起优秀传统文化素养的结构体系。

（一）家国情怀——有自信、懂自尊、能自强

家国情怀说大也大，说小也小，它可以大到让学生深刻认识"中国梦就是我的梦"，也可以小到学生日常生活中的一句"我是中国人"。增强学生的国家认同，培养其爱国情感，树立民族自信是家国情怀的中心要旨。在中小学阶段，家国情怀是初步感受汉语言文字的优美，培养学生对中华优秀传统文化的兴趣，为以后拓宽传统文化素养的深度打下良好的基础；家国情怀是初步了解中华民族的传统节日和各民族的风俗礼仪，引导学生逐渐树立起文化自信、民族自信；家国情怀是让学生在刚步入小学的时候初步明确自己的兴趣爱好，初步树立起自己有关未来的理想并为之付出不懈努力，成为有理想、懂自尊、能自强的学生。

家国情怀对于中小学生来说并不是遥不可及的东西，它是热爱生活、热爱自然、热爱家乡、热爱周围一切温暖事物的代名词，在每日平凡而又充满新奇的生活中慢慢养成积极向上、奋发图强的生活态度就是有着国家认同感的家国情怀。这样的态度过渡到高年级时自然而然地就变为能够指引着学生以祖国的昌盛为己任的爱国主义精神，成为学生成长发展过程中必不可少的导向指南。

（二）社会关爱——存善念、亲自然、有爱心

人是作为"社会人"而进行生活交往的，谁都不可能作为单独的"个人"存在。我们需要随时转变自己的社会角色，处理各种各样的社会关系，以期能在日常沟通交往中提高自己、发展自己。

学生是被寄予希望和关爱最多的群体，期望他们能够一生温暖纯良，能爱人、会爱人，社会关爱也便成为优秀传统文化素养中的重要组成部分。中小学生是最容易葆有童心、爱心和善心的群体。应该着力引导他们了解各式各样的社会关系，在具体的社会交往中帮助他们学会正确处理自身与他人、自身与社会、自身与自然的关系。社会关爱期望学生能够做到心存善念、理解他人、关心社会、尊重自然等。从身边的每一件小事做起，引导学生逐渐树立正确的世界观、人生观和价值观，将社会关爱内化于心，外化于行，努力

成为高素质、讲文明、有爱心的新时代小学生。

（三）人格修养——知荣辱、讲道德、端行为

中华民族历来重视一个人的人格修养，"四书"之一的《大学》就将"修身"这一条目放在了"齐家""治国""平天下"之前，足以见得人格修养在个体发展中的重要作用。简单说来，人格修养就是能够正心笃志、崇德弘毅，拥有美好的品格并将其发扬光大。中小学生是刚刚萌发道德意识的幼苗，需要把握住这个关键期，引导学生明辨是非、礼貌待人，使他们逐渐养成勤俭节约、吃苦耐劳、言行一致的良好品格和行为习惯。对于优秀传统文化素养来说，人格修养还蕴含着坚韧豁达、奋发向上，自觉弘扬中华民族优秀道德的精神。如果能够在中小学阶段为学生奠定良好的道德品质，那么在日后的优秀传统文化素养的培育中，学生就能相对轻松地向着成为知荣辱、守诚信、敢创新的中国人而不懈前进。

二、中小学生优秀传统文化素养的培养策略

（一）以课程为依托，激发学生爱国情感

学生的优秀传统文化素养要"落地开花"，先需要以课程作为依托，无论是语文、品德与生活、音乐、美术等各学科课程，还是校本、综合实践活动等综合课程，都需要渗透中华优秀传统文化。

部分中小学生的思维还没有过渡到抽象的逻辑思维阶段，所以，课程中的传统文化内容需要具有一定的连续性，不能这节课学习某一部分的内容，下节课就学习另一部分的内容，相互间毫无联系。学生进入到学校时间比较短，无法快速适应快节奏的学校生活，这就需要传统文化课程为学生留有余地，用适合这个年龄阶段学生心理特点的教学形式为学生打开优秀传统文化素养培育的大门。同时，各门学科课程的教师也应经常沟通交流，合理整合教学内容，以期学生从教师这里汲取到的优秀传统文化内容是相互联系的，而不是各自割裂开来的。

培养学生的家国情怀需要以一定的文化底蕴作为基础，学校的课程教学便承担起了这个重任，教师需要深度挖掘教材中的人文思想内涵。教师可以将相似的课程类型进行相应的整合，使其变为一个个的小专题，在课程的逐步递进讲授中培养学生的优秀传统文化素养。总之，形式多样的课程是中小学生接触中华优秀传统文化的第一个阶梯，教师要做好学生优秀传统文化素养的铺路人。

（二）以实践活动为抓手，培养学生社会责任

学生在课程中学到的并不能全部吸收转化为传统文化素养，需要在实践活动中体验、感悟和提升。中小学生生性好动、愿意体验的特点要求社会各组织机构应尽全力配合学校开展丰富多彩的实践活动，共同构建相互补充、相互协作的中华优秀传统文化教育格局。

中小学生充满着爱心与童心，他们也一直渴望着自己的爱心有用武之地。因此，可以组织学生到敬老院、流浪动物收养基地、社区服务所等志愿者服务场所，让他们用自己的方式去为老人送上快乐与温暖，照顾动物。在这样充满欢声笑语的活动中，在与他人交往相处的过程中，学生既可以逐渐学会理解关心他人，又可以切身践行传统美德，成为有责任感的新时代中小学生。

中华优秀传统文化素养不仅要求学生知道怎样与他人交往相处，更要求他们能够同自然、同社会和谐友好共处。过于麻烦的活动会使中小学生倍感压力，从小事做起是中小学生所能够接受并且能够努力做得到的。因此，可以从引导学生自己领养、照顾一株小植物开始，让他们自己呵护这一棵小苗的成长，从而逐渐形成尊重自然、热爱自然的情感。同时，充分利用博物馆、纪念馆等社会机构，组织学生实地考察体验。比如，到气象局探究二十四节气，到图书馆阅读中国神话传说故事等，让学生切身体会中华优秀传统文化中的精神内涵。只有学校与社会充分合作，发挥教育合力，学生的优秀传统文化素养才能慢慢养成。

（三）以家长配合为着力点，完善学生人格修养

中小学生行为习惯的养成和家庭环境是不可分割的，无论学生有着怎样的爱国主义精神和社会情怀，最终都是要落实到道德品质和行为表现上的。因此，既要发挥学校的主导作用，又要同家长有效配合，共同营造适合中华优秀传统文化生根发芽的家庭教育氛围。

践行中华民族的传统美德，弘扬中华优秀传统文化，需要家长的榜样力量，想让子女怎样做，家长应该率先做到。父母的言传身教，是子女形成勤俭节约、吃苦耐劳、诚实守信、孝敬长辈、礼貌待人等优秀传统文化素养的关键所在。中小学生是非观念不强，很容易在不经意间做错事、说错话，家长也应在子女犯下错误时给予正确的价值观引导，不断地修正子女成长路上的缺点和错误，逐渐完善其人格修养。

第二章　优秀传统文化教育与传承研究

第一节　优秀传统文化教育的规划与设计

一、优秀传统文化教育的系统性规划

中华优秀传统文化是中华民族的基因，蕴含着丰富育人资源，传统文化课程内容建构的质量关乎着传统文化传承与育人旨趣得以实现的向度。"提升优秀传统文化课程内容建构的质量，发挥课程的育人价值，需要整体规划，增强课程内容衔接构建的系统性。"①

（一）优秀传统文化教育系统性规划的原则

1. 批判与继承相结合原则

一个民族文化的复兴和发展，离不开对优秀传统文化的继承和发展。继承与发展是辩证统一的关系。一方面，继承是发展的前提，离开对传统文化的继承，就谈不上对传统文化的弘扬，传统文化也不能得到延续；另一方面，发展是继承的目的，传统文化的继承必须把握时代的脉搏，紧跟时代的步伐，与时俱进，有所继承，有所发扬，从而使中华优秀传统文化得到发展。

中华优秀传统文化在继承的基础上发展，在发展的过程中继承。对中华优秀传统文化的继承要积极从当前的社会实践中汲取养分，在创造中继承，在推陈中出新，创造出既具有时代精神，又具有时代特色的新文化。

在开展中华优秀传统文化教育中，要正确处理文化继承与发展的关系，在传统文化发展的过程中，不断革除陈旧的、过时的、不适合现代社会发展的文化内容，推出体现时代精神的新文化。

在信息发达的多元文化时代，学生思想活跃，对事物的反应很敏感，然而对文化的鉴

---

① 　陈坤，秦玉友. 中小学传统文化课程内容建构的价值、困境及重构［J］. 教育学术月刊，2020（06）：96.

别力还不够。中华传统文化中精华与糟粕并存，所以在开展中华优秀传统文化教育中，将中华传统文化运用于各学科的教学，应教会学生鉴别传统文化中的精华和糟粕，选择适合现代教育内容、适合学生个人发展的部分，剔除与时代不相符合、与学生发展相背离的文化内容，坚持批判与继承相结合，只有这样才能帮助学生汲取中华传统文化中的优秀精神，才能使优秀传统文化教育落到实处。

2. 知行统一原则

中国的传统道德特别重视理论与实践的完美结合，即知与行的统一。知行统一是中国传统道德教育关注的一个重要课题，是中国传统道德教育的基本原则。只有身体力行，按照道德规范去做、躬身实践，才算是一个真正有德行的人。因此，我们在运用中华优秀传统文化对学生进行思想教育时，既应重视理论教育，让学生把理论学好、学透，还应注重对学生道德实践的培养，通过实践课程将知与行统一起来。

让学生们学习中华优秀传统文化，要通读传统文化的内容，特别是经典文化内容，深刻理解和掌握传统文化的思想和内容，并身体力行。传统文化中力行实践的精神一直是传统文化教育的一个基本原则，传统文化的知行统一思想不仅为我们提供了一种科学务实的思维方法，也为学生学习和践行传统文化提供了精神动力。

我国正在加强的社会主义思想道德建设，无疑应当把启发道德自觉、注重道德实践、提升个人道德品质放在首位。提倡知行统一，有助于在新的形势下推进在学校中的中华优秀传统文化的传承发展，促进"以文化人"。

3. 人文性原则

人文精神表现为对人的尊严、地位、价值的追求和注意，体现为对人的精神文化现象的普遍看法，是对人格的一种评价和基本态度。自然界中的一切事物都有其运行和变化的规律，都有其独特的表现形式，因此，人们可以通过这些不同的表现形式，不断了解和掌握这些事物的变化规律。同理，根据人们的各种表现，可能了解和通达人们所表达的社会习俗和行为习惯，按照知识和事物变化的规律才能使人断恶修善，达到世界和谐的目的。

中华优秀传统文化充分体现了对人的深切关怀，在学校系统地开展中华优秀传统文化教育，要让学生理解并深信中华优秀传统文化中所蕴含的人文精神，如无缘大慈、同体大悲、天人合一、和而不同、执两用中等。"无缘大慈"体现了仁爱的思想，"同体大悲"体现了与民同乐的思想，"天人合一"体现了人一定要遵从自然界的规律，"和而不同"体现了追求和谐和求同存异的思想，"执两用中"体现了崇尚中道、不走极端的内心状态。这些精神是中华优秀传统文化智慧的积累，有着强烈的求同存异的价值目标。这些特有的人文精神逐渐被人们所接受，最后形成一种民族特有的精神和理念，这种精神和理念塑造了中华优秀传统文化高雅、博大和厚重的精神风貌，成为中华民族团结、包容和追求和谐的共同思维和价值追求。

因此，在进行中华优秀传统文化教育的过程中，要积极开展关心国家、热爱集体的国家思想教育，积极开展关爱社会、关爱弱势群体的社会关爱教育，积极开展明德、崇善、利人的人格修养教育，引导学生深刻领会和掌握中华优秀传统文化中的人文精神，并把这种人文精神应用到生活和工作中，最后将中华优秀传统文化内化为一种品格和素质，从而更好地服务国家和社会。

（二）优秀传统文化教育系统性规划的要求

1. 中华优秀传统文化教育与现代教育相统一

"优秀文化传统教育是一项系统工程，应在指导思想、原则与建设支撑上有系统的规划。"[1] 在现代教育中融入传统文化教育不仅是时代的要求，也是教育本身的要求，同时又是文化自身发展的要求。教育理念是一个内涵很丰富的概念，它是对关于教育宗旨、教育目的、教育目标、教育原则等内容的最基本的看法，是教育主体在教学过程中形成的对"教育应然"状态的理性认识和主观要求。现代教育理念包括：以人为本、全面发展、主体性、系统性和创造性等。中华优秀传统文化教育融入教学，应该确保其与现代教育理念的和谐统一。

（1）中华优秀传统文化教育要符合现代教育的本质。现代教育的本质则在于：教育是培养人的活动，并通过育人活动实现自然人与社会人的统一。

"中华优秀传统文化是教育语言乃至教育行业持续有序发展的根基。"[2] 从本质属性来说，教育就是根据一定社会需要进行的培养人的活动，或者说是培养人的过程。一方面，从受教育者身心发展变化的角度来看，教育是发展，是生长，是对生活、环境的适应，是经验的积累与重新组合，是个体社会化的过程；另一方面，从教育者的角度来看，教育就是向受教育者传递知识和文化，培养社会发展所需要的建设性人才的过程。教育活动是教育者和受教育者活动的统一，其中最根本的任务就是要促进受教育者身心的发展。

面对纷杂的社会和各种不同的思潮，改革开放固然带来了许多先进的科学技术、思想文化，同时也给一些阻碍发展进程的势力提供了可乘之机，而正处于世界观形成期的青年

---

[1] 周松峰. 在新形势下强化优秀传统文化教育的框架与途径 [J]. 福建省社会主义学院学报, 2017 (05)：63.

[2] 李敬. 基于中华优秀传统文化的现代教育话语体系建设研究 [J]. 教育理论与实践, 2022, 42 (31)：60.

人善于接受新文化，同时也容易受到不良文化的侵害。因此，中华优秀传统文化教育一定要符合现代教育的本质，符合现代教育培养人、促进受教育者身心发展的要求，基于此，中华优秀传统文化教育的开展才能更有目标、更有针对性。

（2）中华优秀传统文化教育要符合现代教育的目的。古代教育的目的是培养适合统治者需要的人才，同时，让大众成为安于社会现状、不会反抗的顺民；而现行的教育目的是培养德、智、体、美、劳全面发展的社会主义事业的建设者和接班人。

中华优秀传统文化要不断地继承、发展和弘扬。中华传统文化博大精深，在历史的演变中形成了与民族文化、民族性格、民族心理相适应的一套文化体系。这套文化体系同时兼容了物质与精神领域，传统文化教育更多倾向于精神领域。传统文化内嵌在民众的行为和认知体系中，在行为模仿与价值传承中，传统文化本身就成为个体潜在的一个部分，但是没有体系化、明显化，优秀传统文化教育的一个主要目的就是弘扬传统文化中的精华，发挥传统文化精华部分的价值，即以肯定取向的传统文化教育内容为依托，科学审视，合理借鉴。中华优秀传统文化教育不仅需要从大众的视角，而且需要从培育中华民族之根的角度出发，理性地审视优秀传统文化对于现代教育的价值。

（3）优秀传统文化教育要与现代教育的内容与方式相一致。教育内容是指为实现教育目标，经选择而纳入教育活动过程的知识、技能、行为规范、价值观念、世界观等文化总体。教育方式是根据不同学生的不同特点，包括学生的接受能力、奋斗目标、人生取向而采取的手段和措施。中华优秀传统文化教育主要围绕道德教化而展开，在古代，传统文化教育的内容和方式都是灌输式的被动教育，在这种教育中，根本不需要受教育者有任何主动性的深入思考。

中国古代教育的内容以伦理道德为主，一般文化知识为辅。换言之，在古代教育中，一般的文化知识教育都要服从和服务于道德教育的需求，儒家的教育思想提倡在较为全面教育的基础上对德育进行大力倡导，这种教育在一定程度上属于以德育为主的通识教育。

现代教育的内容非常广泛，包括设置什么课程和教学内容、谁来组织教学、采取什么形式进行教学、学校提供的教育教学的硬件和软件设施以及学校教育对学生学习水平的认定等。现代教育倡导素质教育，要求学生思想教育与专业技术教育要齐头并进，教育要促进学生的全面发展。在优秀传统文化教育中，我们不仅仅要倡导学思并重，更要提倡学思行三者并重，优秀传统文化教育要促进学生全面发展。

中国传统教育的内容和方式是几千年来教育思想、教育内容、教育方法和教育实践的积淀，无论在教育哲学、教育目的、教育内容，还是在教育方法、学习方式上，都给我们留下了丰富的借鉴和思维空间。传统文化教育的内容要根据中华传统文化的教育目标，紧紧围绕传统文化教育的核心内容，遵循学生的认知规律，遵循现代教育的特点，遵循现代教育教学规律，按照整体化、分学段、按层次和全力推进的原则，把中华优秀传统文化教育贯穿于教育的全过程，采用以情化人、以身教人、以德塑人、因材施教等教育方式，持之以恒地对学生进行优秀传统文化教育。

2. 优秀传统文化教育需融入学科教学

"为了践行社会主义核心价值观，学科教学应坚持以与时俱进的道德教育，适应时代的发展、社会的进步，坚持以道德教育的方式传递中华民族精神，力求使中华优秀传统文化，在今天的学科教学中焕发出巨大精神力量。"[①]

实施中华优秀传统文化教育，必须围绕立德树人的根本任务，遵循学生认知发展规律和教育教学规律，按照一体化、分学段、有序推进的原则，把中华优秀传统文化全方位融入思想道德教育、文化知识教育、艺术体育教育、社会实践教育各环节。优秀传统文化融入学科教学是传统文化进校园的主渠道，在学科教学中，以主题为导向、实施主题教学是传统文化融入学科课堂的捷径。

学校教育是学生个体成长过程中的主要教育形式，对于延续传统、传承文化具有不可替代的作用。而学科教学是整个学校教育的基础所在，各个历史时期的不同国家都注重通过学校教育传播本民族的优秀文化，达到保存、延续和发扬本民族精神和文化特色的目标，所以研究学科教学中如何渗透和贯彻传统文化具有重要的意义。中华优秀传统文化教育可以通过以下方式融入学科教学。

（1）找准优秀传统文化教育的触发点和共振点。优秀传统文化融入学科教学，要善于找准优秀传统文化与课程教学中相同或相近的内容，抓住连接学生的精神世界、现实生活或者与历史典故、风土人情等有关的触发点、共振点，利用丰富的优秀传统文化资源，根据讲授的内容，确立明确的文化主题，引领学生关注文化、亲近学科，让他们在多维的学科学习中沐浴优秀传统文化的光辉，通过体验与熏陶、理解与扬弃、鉴赏与反思等形式，提高学生的核心素养，增强学生的民族自信心，从而为其终身发展奠基。

（2）加强中华优秀传统文化与学科的有机渗透。学校要有效地开展优秀传统文化教育，不同地区的学校应当根据各自的区域特色、办学条件、教育对象，充分结合各种模式，取长补短，相辅相成。根据学科的特点，选择内容相近的优秀传统文化内容，进行中华优秀传统文化与学科的有机渗透。

如今，各门学科课程中都适量增加了相关传统文化的内容，如旅游专业对古代民俗文

---

① 严洁. 将中华优秀传统文化融入学科教学［J］. 现代教学，2015（05）：42.

化、古桥等知识的介绍；数学专业也包含古代的数学家和数学历史人物的内容；音乐专业课程涉及中国戏剧、古典舞蹈、民族服装；美术专业课程有国画、陶艺、刺绣；体育专业课程有中国武术等。这些教育资源在各学科教学中都是潜隐性的，需要教师在教学中不断地积累和挖掘，并在学科教学中有机渗透，让传统文化思想在潜移默化中发挥作用。只要我们能自觉地、有意识地开发课程资源，优秀传统文化教育在各学科中的渗透就能形成教育合力，优秀传统文化教育的效果就能事半功倍。

（3）开发学校隐性课程的文化教育功能。优秀传统文化融入隐性课程教育的可行性体现在两个方面：①文化本身的内在确定性；②优秀传统文化与隐性学科教育在内容和思想上的有机契合。要注意研究和有效利用优秀传统文化融入隐性课程教育的途径，不断探索和开发隐性课程与优秀传统文化教育相结合的模式，结合学科的内容和特点开展丰富多彩的文化活动，要结合学科内容的思想合理利用社会资源。学校要充分认识到各学科课程的传统文化教育功能，除了利用课堂教学的主渠道功能外，还应充分重视学校隐性课程的传统文化教育功能，将课堂、教材、活动、校园等"共同体"中潜在的优秀传统文化教育因素转变为可利用的教育资源，真正地将传统文化教育的理念贯彻到日常教学活动中去。

（4）中华优秀传统文化教育要信、解、行、证。只有当学习内容与学习者的实际生活发生密切联系时，学习才是有效的，学生才能把学到的知识转化为自身的行为动力。在学科教学中，要实现优秀传统文化教育的目标，无论是提高学生的文化素养、民族意识等综合素质，还是对学生进行人格培养，不仅可以通过单纯的知识传授，更要通过活动这一载体，通过活动感染学生、激发学生的发展潜能，并让学生成为真正的主体，在活动中获得具体的切实的体验，才能更好地使学生的认知得以内化，情绪得以感受，行为得以改善，从而促进其身心和谐发展。

优秀传统文化教育不但要对学生进行理论教育，还要让学生信、解、行、证，这是学习优秀传统文化的一般进程。信，即对中华优秀传统文化具有正信，充分相信中华优秀传统文化的意义和作用；解，即对优秀传统文化的基本思想能够正确理解，在思想上达成共识；行，就是要依照圣贤教育的思想和智慧修正自己的行为，提高自己的素质；证，证明优秀传统文化是我们中华民族的美丽瑰宝，使学生能够获得快乐、健康和幸福的人生。

要把信、解、行、证四个步骤结合起来，形成道德意识的转变，并且将知识内化为个人的价值观或人生哲学，最终体现在日常行为与活动中。因此，在优秀传统文化教育教学活动中，还应考虑搭建各种形式的活动平台，赋予优秀传统文化以时代精神和活力，让学生在实践活动中体验中华优秀文化的精髓，并在体验中感悟、内化，最终促进其自我发展。同时，在实践的过程中，学生成为优秀传统文化的探究者和关怀者，并身体力行成为改造社会的行动者，不但能使学生感受到中华优秀文化的博大精深，还可增强他们传承民族文化、提高道德素养的自觉性与责任感。

总之，中华优秀传统文化是中华民族的血脉，中华民族辉煌的历史是国家的根基。作为一名教育工作者，要紧密结合时代特色，让优秀传统文化走进校园，走进课堂，走进学生，为优秀传统文化创造良好的学习氛围，在各学科的知识讲授中传承和发展中华优秀传统文化。

二、优秀传统文化教育的整体性设计

（一）优秀传统文化教育整体性设计的要求

1. 教学内容与教学环节的一致性

"中华优秀传统文化教育课程实施需要进行系统的设计，将优秀传统文化教育课程要素集成在一个整体框架下"[①]。在学生思想教育中，不仅要挖掘中华优秀传统文化蕴含的思想观念，也要充分挖掘中华优秀传统文化中的人文精神和道德规范，帮助学生全面学习和掌握其内涵，并运用到学习和生活中去。通过优秀传统文化教育，让学生深刻学习和掌握中华优秀传统文化的思维方式、价值取向、伦理观念与理想人格，从而形成一种自强不息的民族精神、修齐治平的家国情怀、崇德向善的道德和人格修养。而这些内容是要通过一定的教学环节设计与实施来实现的，所以，在优秀传统文化教育中，要确保优秀传统文化教育内容与教学环节的一致性。

（1）教学设计科学规范。优秀传统文化课程的教学设计主要包括教学目标、教学内容、教学方法等方面。教学目标是指在教学活动中所期待得到的学生的学习结果，教学活动以教学目标为导向，且始终围绕实现教学目标和教学内容而展开。

第一，教学目标的陈述必须是明确、具体、科学和规范的。教学目标不仅应包含单一的学习成果，而且应该包括各个方面的成果，即教学目标应该具有完整性，要使教学目标与课程目标相一致，要包含该课程的所有重要成果。课程目标应从知识和能力、过程和方法、情感态度和价值观三个维度设计。除课程总目标外，还有学段目标、学年目标、学期目标、单元目标，分别体现在课程计划、课程标准、教师参考用书等内容当中，这样才能使课程目标构成一个完整的体系。

第二，教学内容的设计要涵盖课程的主体内容，要针对学生的知识结构、理解能力、

---

① 曲天立. 中华优秀传统文化教育课程的系统设计与实施［J］. 教育理论与实践，2020，40（26）：41.

身心发展规律、接受情境等诸多因素，对教学内容进行科学合理的设计。合理安排不同教学内容的教学活动，并具体落实到每个知识点，用实例和注释深刻阐述教学内容的重点和难点，把优秀传统文化的理论与学生的生活实际结合起来，让学生学有所用，用有所依。

第三，教学方法设计。中华优秀传统文化的传承和发扬在于不断学习，而教育与学习重在方法。在优秀传统文化教育教学中，教学的方法可以采用呈现方法、实践方法、发现方法、强化方法。教师教的方法包括讲授法、提问法和论证法等；互动的方法包括班级讨论、小组讨论、学生分享、小组设计等；学生个性化的方法包括程序教学、单元教学、查阅资料、总结分析、比较分类等；实践的方法包括现场观察、实训、见习等。

（2）教学形式灵活多样。传统文化的教学形式可以灵活多样，如可以采用讲授法、讨论法、直观演示法、读书指导法、任务驱动法、参观教学法、自主学习法等。

教师要常结合中华优秀传统文化中的案例进行解析，在课堂教学中将教师的讲解和学生自主学习结合起来，互相促进，共同提高；通过理论与实践相结合，进一步对教师在课堂教学中讲授的知识内容进行巩固和强化，使学生能够加深对所学知识的理解和掌握，而且使所学知识的深度和广度不断深化和延展。

教师要将现代的教学手段不断地融入传统教学手段之中，恰当使用信息技术进行优秀传统文化教育。在教学中尽量收集适应新形势的、形象生动的教学材料，包括音频、视频和图片等，强化课堂教学对学生的吸引和感染；要旁征博引，触类旁通，将中华优秀传统文化教育和学生的日常行为有机结合起来，拓宽学生道德教育的渠道和视野，在学生视野开阔和教育针对性加强的过程中不断提升教育教学工作的实效性，努力培养德才兼备、素质全面、适应社会的高素质人才。

（3）教学评价准确客观。教学评价是依据教学目标对教学过程及结果进行价值判断并为教学决策服务的活动，是对教学活动现实的或潜在的价值做出判断的过程。其核心环节是对学生学习效果的评价和对教师教学过程的评价，评价的方法主要有量化评价和质性评价。教学评价的首要功能是导向功能，即保证各级各类学校的教学活动符合教育方针和教学目标，规范教师的"教"和学生的"学"。

"基础教育是传承中华优秀传统文化的重要领域，教材是其重点。"[①] 优秀传统文化教育教学已经初步融合课程与教材体系，而且越来越规范和完善，与德育和思想政治教育课程相结合共同发挥着思想教育作用，起到了明显的教育效果。纵观优秀传统文化教育教学相关研究，多是突出其重要意义和教学内容，而较少关注教学评价的功能。在传统文化教

---

① 胡以存. 中小学传承优秀传统文化应注重准确性与适用性 [J]. 教学与管理，2020（15）：85.

学评价中，应该淡化知识和能力目标，重视过程和方法的隐性教育功能，确定情感导向，构建以情感教育为导向的监测指标评价体系，为传统文化教学评价的具体实施提供理论基础和学理支撑，并进一步探究教学效果的量化评价和质性评价的有机统一。

学生普遍比较关心最终的考核成绩，所以评价与考核可以成为学生主动学习的指挥棒。如今在学生中开设优秀传统文化课程，并不仅是为了帮助学生了解和掌握书本内容，更重要的是为了让学生明确礼仪行为规范，向古圣先贤学习，帮助学生具备良好的人文素养，为其走上社会奠定坚实的基础。过去的期末考核通常旨在考核学生记忆课本的能力，没能体现中华优秀传统文化课程的教学目的。

因此，对学生最后的总体评价即最终成绩应该是综合课堂表现、社会实践、日常言行、期末考试等多方面的整体得分。期末考核可以采取闭卷、开卷、命题论文、面试等多种形式，也可以让学生联系自己的学习和生活实践，撰写研究报告和心得体会。重视对学生学习过程的评价，在期末考核评价时加大平时成绩在总评成绩中的比例，尤其是重点考核学生参与实践教学各个环节的表现，从客观上督促学生了解更多的中华优秀传统文化，更好地达到优秀传统文化的教育效果。

综上，要依据教育目标，保持教学目标和学习目标的一致性，保持教学内容和教学环节的一致性。在优秀传统文化课程教学中，应从六个方面来考察教学效果：①目标与所设问题的一致性；②目标与讨论方式的一致性；③课程目标与教学环节的一致性；④教学目标与教学评价的一致性；⑤教学内容与教学环节的一致性；⑥课前评价、课中评价与课后评价的整体性和一致性。

在优秀传统文化课程教学中，教师要设计与学习目标、教学内容与教学环节相匹配的评价方式，以此来评判学生的学习状况，从而进行及时的测评与反馈。在教学中，教师是课程的执行者，也是课程的创新者和研究者。教师必须从分析学生学情出发，从教育目的出发，从教学内容出发，将目标与原则、学习与评价、方法与方式、内容与环节联系起来进行统一安排和设计。

2. 优秀传统文化教育与校园文化建设的一致性

优秀传统文化教育与校园文化建设具有一致性。一方面，中华优秀传统文化融入校园文化建设，是校园文化建设的一部分；另一方面，校园文化建设也是优秀传统文化教育的一个重要渠道，对学生综合素质的提高和优秀品格的形成，有着重要的意义。

中华优秀传统文化传承和发扬需要后继有人。学生精力旺盛、思维活跃，容易接受新事物，是传承中华优秀传统文化的有生力量。中华优秀传统文化融入校园文化建设意义重大。充分利用学生的独特优势，发挥校园文化的育人功能，能很好地培养学生成为中华优秀传统文化的传承者，让中华优秀传统文化代代相传。

　　课堂教育与校园文化是相互影响、相互匹配的，每个学校都有其独特的校园文化，这种校园文化时时刻刻浸润着学生的心灵，并使之在这个文化土壤中滋养成长。同时校园文化是有土壤的，而这个土壤主要在课堂中，通过课堂教学这个土壤，校园文化发芽、开花和结果，在课堂传递和倡导什么样的文化，就必然会在校园中营造出什么样的氛围。校园文化和课堂教学是互相影响和互相作用的，校园文化无时无刻不在影响着校园内的学生的思想和行为，学生所受到的思想和行为的影响也必然会体现在课堂中，会在课堂教育的过程中不断地表现出来，在学习和思考中发挥作用。因此，要开展好中华优秀传统文化教育，把优秀传统文化教育落到实处，就要结合课堂教学的目标和内容，认真审视我们的校园文化，通过有意识、有目的的行为和活动努力构建与课堂教学相一致、相促进的校园文化。

　　优秀传统文化教育要与校园的物质文化融合。每个学校都有着不同的发展历史，也有着不同的校园物质文化风格，校园环境的文化内涵及人文精神在一定程度上是通过物质文化来传递的。学校可以通过实用、精巧的校园景观设计，将校园物质文化融入其中，以推动中华优秀传统文化与校园文化的有机结合，这对学生的思想有潜移默化的作用。比如在校园的绿化带设立凸显地域特色和风格的艺术造型；展板张贴领军人物的成果及他们对社会的贡献等内容，也可以张贴名人名家的名言警句等，展现他们的思想风格和精神；开辟传统节日场所的彩色灯光或节日喷泉等内容，以景渲染传统文化氛围等。通过这些物质载体，使得学生的爱国、爱家精神以及民族自豪感油然而生，从而彰显校园物质文化的活力。

　　优秀传统文化教育要与校园的精神文化融合。校园文化建设除了物质文化建设以外，还包括精神文化的塑造。精神文化的塑造可以提炼中华优秀传统文化的精髓，比如用校训来表现学校的传统文化思想。校训是一所学校的灵魂，体现了一所学校的办学传统，代表着校园文化和教育理念，是校园人文精神的高度凝练，是学校历史和文化的积淀。此外，还可以通过校徽来体现校园文化，校徽彰显了学校的办学理念和人文精神，突出了学校独特的文化内涵和精神底蕴。校歌也是充分体现学校的传统文化思想观念、价值观念的文化载体，是表现学校整体形象的音乐载体，是学校教育理念、校园精神、办学特色和优良传统的集中体现，是学校优良校风及教风、学风的高度概括，是引领学校发展方向的精神宣言。这些形式，都充分体现了传统文化的思想精髓。

　　优秀传统文化教育要与校园文化活动融合。校园文化活动为学生展示了校园独特的文化个性，也为学生学习优秀传统文化、展示自己的才能提供了广阔的平台，使他们的业余生活变得丰富多彩。学校团委可以通过社团活动等形式，开展丰富多彩的社团活动，根据学生的特点适时地进行优秀传统文化教育，如校史展览、书法绘画展览、优秀校友展示、国学知识讲座、传统文化知识竞赛、历史话剧比赛、古诗古文朗诵比赛、优秀传统文化微电影大赛、历史事件演讲比赛、辩论赛、名人报告会等。力求通过开展多种校园文化活动，让学生亲身感受到校园文化的魅力，使学生对优秀的民族文化与传统美德产生认同，激发学生学习和传承中华优秀传统文化知识的热情，提高学生的民族认同感和民族自信心，使他们能够真正继承并弘扬中华民族精神。

3. 优秀传统文化教育与日常生活的统一性

随着中国现代化转型的深入，中华优秀传统文化对日常生活产生了深刻的影响，一方面它使日常生活更加丰富；另一方面它促进了日常生活的审美化、非意识形态化和理性化。所以优秀传统文化教育，一定要注重实践与养成、需求与供给、形式与内容的结合。把中华优秀传统文化内涵更好、更多地融入生产、生活的各方面，不但要学习优秀传统文化思想和理论，而且要在日常生活中践行，这样优秀传统文化才能焕发生机和活力，才能深入人心，激发起人们认知、了解、保护与传承的热情，从而发挥优秀传统文化的巨大作用。

（1）挖掘优秀传统文化的现代性因素。优秀传统文化的传承和发展有着深厚的历史积淀，只有当新的文化形态与优秀传统文化互相结合、互相作用，才能使传统文化不断发扬光大，社会才能不断前进。当代中国的现代化发展，使得经济、政治和文化领域都发生了一系列的变化，这些变化要与优秀传统文化有机结合，充分挖掘优秀传统文化的现代性内涵，使之能够积极应对社会结构转型对学生的挑战，这也是优秀传统文化真正嵌入学生现代生活的关键环节。

（2）将优秀传统文化融入学生的生活。注重实践与理论、习惯与自觉、需求与灌输、形式与内容相结合，把中华优秀传统文化内涵更好、更多地融入学生生活的各方面。深入开展节日主题活动，实施中国传统节日振兴工程，丰富春节、元宵节、清明节、端午节、七夕节、中秋节、重阳节等传统节日文化内涵。

4. 优秀传统文化教育与社会实践的一致性

中华优秀传统文化是中华民族集体智慧的结晶，通过社会实践活动来学习优秀传统文化，可以不断提升个人素质和品质，激发学生对优秀传统文化的兴趣和热情，为其接受深层次的精神内核打下了良好的基础。在社会实践过程中，学生能够接触到大自然给予我们的宝贵文化遗产，这些文化包含着先民对资源的认识，对开发自然的态度，包含着对当前生产的要求，对未来生活的向往。参加这种社会实践，无疑能够使学生更加清楚地认识到个人在自然和社会中的位置，实现内心世界和外部世界的统一，树立起正确的人生观和世界观；还有利于培养学生宠辱不惊的态度和百折不挠的进取之心，能够使学生具有良好、乐观的生活态度和坚忍的意志，促进学生的全面发展。

为了确保优秀传统文化教育实践活动的教育意义，社会实践基地必须进行仔细的调查研究，必须符合学生的特点和学校自身特色文化的精神价值和内涵。明确优秀传统文化教育的目标，在社会实践中开展优秀传统文化教育，培养学生的道德修养和家国情怀，促使他们形成良好的道德品质，提升学生的民族自豪感。

同时，还要不断深化学生社会实践的内涵。学生优秀传统文化教育实践不应局限于学习知识、调查情况、掌握技能，还要在此基础上有意识地引导学生展开对现实社会问题的思考，思考国家的发展和民族的复兴，思考如何把个人命运与国家命运结合起来，着重培养学生积极参加实践、努力服务他人、奉献社会的思想意识和观念。通过社会实践，让学生能真正地感受和接触改革开放以来社会主义现代化建设的新成就，进而增强民族自信心、国家认同感、文化认同感和社会制度的优越感，最终通过社会实践不断培育和升华中华民族精神。

（二）优秀传统文化在中小学教育的设计策略

优秀传统文化在中小学教育中的设计策略应该注重传统文化的传承和发展，以培养学生的文化自信和综合素养。

第一，多元教材的选择。选择丰富多彩的传统文化教材，包括经典文学、历史、音乐、艺术、哲学等领域的文化作品。这些教材应该既包括古代文化，也包括当代传承和发展的文化成果。

第二，体验式学习。通过实践和体验，让学生更深入地了解传统文化。这可以包括参观博物馆、美术馆、传统工艺品制作、传统节日庆祝等活动，以提高学生的亲身感受。

第三，树立榜样。邀请传统文化的传承者和爱好者来学校举办讲座和互动，激发学生的兴趣和学习动力。

第四，培养创新能力。传统文化的传承也应包括在新的背景下进行创新和发展。鼓励学生思考如何将传统文化元素与现代生活相结合，促进创新。

第五，培养文化自信。通过教育传统文化，帮助学生建立文化自信，了解自己的文化传统，尊重其他文化，推动文化多样性和交流。

中小学的传统文化教育应该是一个系统性的过程，从小学到高中，以帮助学生逐渐深入理解和掌握传统文化，培养他们的文化素养和综合能力。这些策略可以根据学校的特点和资源进行调整，以更好地满足学生的需求。

第二节　优秀传统文化传承的意义与依据

一、优秀传统文化传承的意义

（一）优秀传统文化传承的历史意义

"优秀的传统文化是历史的凝聚和积淀，承载着中华民族千百年的血泪与汗水，描绘了华夏大地上的大好河山和花草树木，蕴含着丰富的精神力量和思想力量，直到现在，依旧在现代社会中绽放无穷无尽的光辉。"[①] 在社会主义市场经济不断完善和发展的今天，文化的繁荣昌盛日益重要，文化的发展是社会主义事业的重要组成部分，关系到社会主义现代化能不能实现。传统文化的继承与发展问题，又是社会主义文化发展的重要组成部分。可以说中国社会主义先进文化的建设是在两个基础上创造发展的：一是中国特色社会主义的实践基础；二是我国的优秀传统文化，缺一不可。建设优秀传统文化传承体系，建设中华民族共有精神家园，既是对中华优秀传统文化的传承与发展，也是推进社会主义先进文化发展的主要标志，意义重大。

（二）优秀传统文化传承的现代意义

传统文化是一个国家或社会的历史、价值观念、道德准则和生活方式的重要组成部分。在现代社会，传统文化传承具有重要的意义，因为它不仅有助于维系文化的连续性，还可以为社会的持续发展和个人的精神成长提供丰富的资源。

第一，身份认同和文化自信。传统文化传承有助于个人和社会塑造自己的文化身份。通过学习和传承传统价值观、习惯和庆典，人们能更好地理解自己所属文化的独特性，增强文化自信心。这有助于抵制文化冲击，同时也能够促进文化多样性，使不同文化之间能够和谐共存。

第二，道德准则和价值观念。传统文化往往包含着世代传承下来的道德准则和价值观

---

① 孙本良. 优秀传统文化传承策略分析 [J]. 文化创新比较研究，2022，6（28）：176.

念，这些价值观念对于社会的和谐发展至关重要。传承这些价值观念可以培养个人的道德品质，如诚实、尊重和互助。这些品质在现代社会中同样具有重要意义，因为它们有助于构建互信、减少冲突、促进社会团结。

第三，创新和发展。传统文化不是僵化的，它们可以为现代社会的创新和发展提供灵感。很多传统文化元素包含着深刻的智慧和实用性，可以被重新解读和应用到现代问题上。通过将传统文化与现代知识和技术相结合，人们可以创造出新的、独具特色的文化产品和解决方案。

第四，社会凝聚力。传统文化传承有助于增强社会凝聚力。共享传统习惯、庆典和故事可以增强社区感和集体认同感。这种凝聚力有助于人们更好地应对社会挑战，建立互助和合作的关系，从而提高社会的整体稳定性和幸福感。

第五，艺术和文化表达。传统文化通常包含着丰富的艺术和文化表达形式，如音乐、舞蹈、绘画和文学。这些传统艺术形式不仅有助于保存文化遗产，还能够丰富现代社会的文化生活。它们为人们提供了欣赏和参与的机会，同时也能够成为经济增长的一部分，如文化旅游和创意产业。

优秀传统文化传承在现代社会中具有重要的意义，因为它们有助于塑造文化身份、提供道德准则、促进创新、增强社会凝聚力，并丰富文化生活。传承传统文化需要社会的支持和个体的努力，以确保这些宝贵的资源可以继续传递给下一代，并为未来的社会发展做出贡献。同时，也应该在传承的过程中灵活应用和解读传统文化，以适应现代社会的需求和挑战。

二、优秀传统文化传承的依据

（一）理论依据

文化的生命力在于延续更新，延续是基础，更新是目的，二者如文化前行的两个轮子，缺一不可。文化传承是后人对于前人传统文化成果的认同，要想拓展新的道路、获得新的生命，就必须善于创新，能够在延续的基础上让祖先文化成果结出新的果实。因此，文化创新提供了社会前进的动力，只有革除旧的、更换新的，才能让传统文化在新时代焕然一新。

1. 文化的继承性

文化虽然是由生产力和生产关系决定，但彼此间并不是完全复制重合的。这表现为，文化与经济前进的步伐有时不太一致。这是因为，文化具有强大的继承性，从而是可以单独存在的，不一定必须紧紧跟随经济发展。一定的文化观念一旦形成，就会或多或少内化在人的心里，外化为民族文化的传统，成为一种不可低估的文化历史惯性。

无论是什么年代的思想文化，都离不开过去的人所创造的观念。人们总是在直接碰到的、既定的、从过去承继下来的条件下创造。这是因为人们的生活，会受到整个文化环境的影响，总是通过口口相传、书籍文字等形式，从祖先那里学习哲学、艺术、技艺，在学习的基础上融入自身的思考，从而让传统的东西有新的展现形式。如今的文化环境，是未来探究追寻新文化的基础。没有文化的延续，就没有更高层次的飞跃。

2. 文化的创新性

文化不仅包括既定的文化成果，也包括创造文化的动态活动过程，它不是凝固的，而是具有活的灵魂的生命体。文化虽然具有一定的稳定性和继承性，但也会根据人们在不同时代实践活动的改变而不断进行补充和创新。这种创新从内部来看，是生产力进步和社会发展的结果。当经济发展方式在一个社会发生改变、社会历史向前发展时，社会的个体成员会以新的方式面对自己所生活的环境，认为传统很少是完美的。从而那些继承并依赖传统的人就会结合自身时代发展的特征以及群众的精神文化需要对传统文化进行补充和完善，文化传统就会发生转化和创新。但这种转化创新通常以渐进的方式发生在文化传统各个组成部分的内部。

从文化创新的外部条件来看，文化的创新性在于文化的沟通交往与文化的冲突、对撞。文化的沟通交往，一方面指一种文化之中不一样的文化之间的来往，即使在同一文化传统中，也会因地域的不同出现区别。通过不同地域、民族文化的比较交流会影响这种文化的形成发展。如中华优秀传统文化不仅是汉民族一个民族创造的，而是与蒙古族、蛮族等其他各民族广泛比较交流而最终形成的。另一方面指不同文化传统之间的交流与比较，也就是国际上不同文化传统之间的比较与交流。不同文化传统之间的交流引起的文化变迁有增添、融合、涵化、综合这几种结果。但对其他文化的吸收借鉴是有选择的，只有适应本地自然与人文环境、能与本民族文化相契合的文化要素，才有可能被选择吸收。

文化的摩擦、矛盾既发生在一种民族文化中，也有可能发生在两种文化之间。而这种矛盾冲突会打破旧的文化结构，使文化在吐故纳新的基础上进行新的整合，甚至会在外来冲击下发生文化的突变。一般来说，能够有力打破原有文化结构的是代表着先进生产力、符合时代特征的先进文化。但是，面对外来的先进文化，不能照搬照抄，必须保持本民族文化的主体性，否则就会丧失民族生存的根基。

由此，文化具有一定的稳定性和继承性。稳定是其重要特征，但稳定不意味着静止、停滞，否则一种文化对现在和未来的影响便无从产生。文化的稳定性是与可塑性、流动性、创新性的辩证统一。一种文化或在内部动力推动下发生缓慢变化或在与外部环境的交流冲击下发生突变，但无论是渐变还是突变，文化总是在创造中不断前进，是一个形成传统和不断向新的传统转化的过程。而我国古代思想本身就是一种文化，具有文化动态存在、不断创新的特点。因而，其弘扬不仅要继承，还要在实践活动中创新、发展，才能不断使其更新，从而永远朝气蓬勃。

（二）历史依据

中华优秀传统文化不是一潭死水、一成不变的，而是在基本不变中也有变动，是变与不变的统一。其变化的一面体现在中华传统文化总能以开放包容、兼收并蓄的特质因时而变、开拓创新。这种创新的特质不仅发生在中国古代，同时也延续至中国近现代乃至中国当代。

1. 优秀传统文化的古代发展

我们祖先十分擅长以史为镜、以古开新。用新的时代内涵重新阐释传统，从而使其高出原本的水平，这是我们祖先向来坚持的。从中国文化发展的历程来看，在中国古代，中华传统文化经历了两次发展的高潮阶段，分别是西周—春秋战国—两汉阶段、隋唐—两宋阶段。文化高潮往往是由文化创新推动形成的，这两个阶段的文化发展是中华传统文化创新的范例。

在西周—春秋战国—两汉这一阶段中，西周在总结殷商灭亡经验的基础上，提出了新的天命观。另外在礼乐制度上，周公完成了礼乐制度建设，规范了社会行为，建立起来了道德文化体系，使"德""孝"等重要道德观念出现。春秋战国时期，诸子百家面对严重的社会危机先后提出自己的政治主张。中国历史上文化繁荣的景象甚多，最早就出现在这一时期。这一时期是中华文明的思想摇篮，同时也是人类文明轴心期的杰出代表。两汉时期，两汉政府极力改造先秦儒学，使之成为国家的意识形态。最具代表性的是董仲舒融合了阴阳五行家的思想，对于以往的学说进行了变革和发展。在道德伦理方面，董仲舒全面、系统提出"三纲五常"。另外，董仲舒也在人性论上分别对荀子和孟子的思想进行扬弃，认为人有善有恶，要通过德才兼备的方式来维护大一统的局面，他对先秦儒学的改造是成功的，将先秦儒学提高到新的理论层次。

在隋唐—两宋阶段，隋唐文化开放包容，繁荣壮美。在文学艺术上，隋唐文化高度繁荣，如诗歌、绘画、音乐、舞蹈、雕塑等都得到丰富的发展，产生了大量的诗人和其他艺术家。两宋时期的文化发展代表着中国传统文化达到了成熟，在我国整个文化长河中达到了极致。其中，宋明理学扬弃继承了先秦儒学，在中国哲学史上具有高屋建瓴的作用。从天道观上看，宋明理学形成了系统的宇宙本体论。继而又在此基础上将其理论引入人类社会。这一方面将伦理纲常进行了本体论的升华，成为人们遵循的理论依据，同时也弘扬了主体的能动性，以此增强了士人对儒学的认同，对于缺少心性讨论的原始儒学是一大补充和发展。除此之外，两宋时期的文学艺术、科学技术也得到了极大的发展。

2. 优秀传统文化的当代创新

改革开放以来，党中央高度重视发掘古代思想遗产的价值，提出了一系列关于文化的政策方针，为其在新时代的永续发展指明了方向。

在价值观上，社会主义核心价值观就是创新转化的范例。其中，国家层面的价值目标与传统文化中"家国一统""民为邦本""人文化成"的思想有着契合的地方；社会层面的理想追求就是对中国传统"天人合一"的自然观、"贵和尚中"的思维方式的吸收和发展；个人层面的行为准则在一定程度上借鉴于中国传统观念中"精忠报国""敬业乐群""言而有信"以及"仁者爱人"的道德思想。

在国际交往方面，构建人类命运共同体的重要战略思想，就是基于传统文化中"贵和尚中"思想，提出的适合新型国际关系交往的中国理念。

综上所述，无论是在古代、近现代还是在当代，中华优秀传统文化始终是"活"的文化。面对时代的变迁，它能够因时而变，适应时代要求；面对民族文化差异，尤其是在西方文化以及马克思主义思想传入之时，它能够以其强大的包容性学习先进之处、完善自身。

历史证明，只有不断接续更新，只有坚持中国共产党人正确科学的传统文化观，才能保持我国古代思想文化蓬勃的生命力。因而，传承发展我国传统的思想文化是必要的也是符合历史趋势的。在新时代，必须牢牢把握"两创"方针，实现其"内在超越"。

（三）现实依据

我国古代思想文化历史悠久，绚烂辉煌，蕴藏着民族的精神追求，活在每一个中华儿女的心中，是中华民族在全球文化中矗立的历史依据。它不仅在中国古代发挥着重要作用，在当代仍然具有强大的生存能力和渗透能力，对我们的思想和行为起着潜移默化的作用。随着中华民族在新世纪的伟大复兴，它还会对世界文明发展产生巨大影响，为解决人类共同难题提供中国智慧。

中华优秀传统文化的传承发展对于强化民族认同，构筑民族共同体的重要作用主要体现在两个方面：一是提供了共同的价值理念。中华优秀传统文化作为在中华大地上生根发芽的民族文化，其优秀的价值理念具有强大的认同力和感召力，深深影响着各民族儿女，维系着全民族共同的血脉，将全民族凝聚在一起，组成民族团结的矩阵。二是为增强民族认同提供了共同的情感支撑。中华优秀传统文化在形成过程中，各民族都有功劳，不仅有总体一致性，还在统一中有着多种多样的色彩，是"你中有我，我中有你"的统一。弘扬中华优秀传统文化有助于唤醒各民族儿女的主体意识，为增强民族认同提供共同的情感支撑。

中华优秀传统文化的传承发展对于构建民族精神家园的重要作用体现在三个方面：①对于民族自信的建立，具有强大的鼓舞作用。中华优秀传统文化其悠久的历史发展、丰富的内涵精神，在世界文明发展史上都是别具一格的，无论从时间上看还是从内容上看都足以让中华儿女产生强烈的民族自豪感和自信心。②对于民族精神、强大心态的造就，具有正面的引导作用。上文提到，古代文化蕴含着深厚的人文精神，强调发挥人的主观能动性。在这种思想的造就下，中国人民每每遇到艰难险阻，中国人民都会勇往直前，战胜困难，由此形成了自强不息、坚韧不拔的中华民族精神。③对青年价值观的形成，具有科学导向作用。学习传统文化中"仁义礼智信"的道德原则，有助于帮助青年学生学会如何做人、如何爱人，培养学生勤劳勇敢、诚信守礼的品质，不仅有利于青年增强对本民族文化的自信与认同，同时也能帮助青年学生在多元思想的冲击下寻找属于自己的心灵归宿。

第三节　优秀传统文化传承的体系与机制构建

一、优秀传统文化传承的体系构建

(一) 传统文化传承的基础工程

文化遗产是传统文化传承的重要载体，对文化遗产保护无疑是弘扬优秀传统文化的必要前提。但保护文化遗产并不排斥对其合理开发利用，各地须因地制宜，加强对传统文化资源的开发利用，同时亦要积极有效地整合各方资源，让各种文化遗产互借优势、互为补充，如此，才能把文化资源的活力激发出来，才能使优秀传统文化历久弥新、发扬光大。

首先，立足保护。尽管在许多地方高呼着文化保护的口号，但在城市化和城镇化的压力下，一些历史文化资源仍然遭受到破坏。为了解决这个问题，我们需要增强对文化遗产的保护意识，并对那些能够有效保护文化资源的机构和个人进行表彰和奖励，以促进良好的社会氛围，鼓励保护卓越传统文化。更为重要的是，需要建立系统性的法律框架来保护文化遗产，特别是文物遗址类遗产。此外，应该增加对非物质文化遗产传承人的支持力度，并通过政策措施来为非物质文化遗产创造市场，吸引更多年轻人自愿学习传承，以确保非物质文化遗产的传承得以延续。此外，需要动员社会力量和私人资本参与文化遗产的保护，采用"谁开发、谁受益、谁保护"的对位性保护原则，借助市场力量鼓励企业和个人积极投资，摆脱过去单一依赖政府资金的保护模式。

其次，合理利用。保护文化遗产并不排斥其合理开发和利用。事实证明，只有通过合理开发和利用，我们才能更有效地保护和传承文化遗产。例如，山东曲阜通过旅游这一媒介，让广大游客在参观"三孔"时能够触摸和感受儒家文化的真谛，而这些游客为当地创造的经济效益也回馈到了"三孔"等文化遗产的保护中，实现了保护与开发的协调共进。然而，卓越传统文化的传承本质上是一项非营利的公益事业，需要根据具体情况进行科学规划，倚赖政府协调各界力量的参与，充分利用市场机制但不过度商业化，切实避免只追求经济利益而忽视社会效益，避免过度开发和修复的现象。

最后，强化整合。文化遗产的保护和开发至关重要，然而，当前的做法是各地区各级政府各自为政，各个文化机构各自追求自己的文化目标，导致了分散的文化资源和分散的文化群体。这种分散和孤立的做法对于建立传承体系非常有害。只有通过分类整理和有效整合各种文化资源，汇聚各类文化群体，才能产生集群效应，让分散的地方文化资源得以活跃，卓越传统文化才能够得以传承。

（二）传统文化传承的关键所在

文化传承着重于"以文化人"。国民教育是一个关键的过程，它以"以文化人"为核心，扮演着传统文化传承的重要角色。然而，当前国民教育在传承传统文化方面的作用尚显有限，主要表现在学校教育中传统文化内容的不足，优秀传统文化教材未受重视，各类博物馆、纪念馆、文化馆的传统文化教育功能未能得到充分发挥等。在当前背景下，文化、宣传和教育部门应该协同合作，充分发挥国民教育在传统文化领域的作用。

首先，在各级不同类型的学校教育中，通过课程和教材的改革，修订与传统文化密切相关的科目，如语文和历史，将更多优秀传统文化内容融入其中。在各级各类考试中，特别是在中考和高考中，应增加优秀传统文化所占比重，充分发挥考试在传统文化传承引导和桥梁纽带方面的作用。

其次，应根据学校的特点，将非物质文化遗产融入学校教育。非物质文化遗产起源于民间，发展于民间，更容易被年轻人接受。因此，可以借鉴山东青岛的"传承人导师聘任制"模式，在建立专家库的基础上，通过将传承人、政府和学校三者合作，采用"菜单式"服务方式，让传承人走进学校，进行"活态传承"民俗艺术，旨在培养非遗传承后备人才，同时也丰富学生的校园文化生活。

最后，加强卓越传统文化阵地的建设。应充分利用博物馆、图书馆、纪念馆和文化馆这四个文化机构在国民教育中的积极作用，将这些机构中的文物和古籍资源开放免费供人参观学习。同时，在这些机构中应提供专门的解说员，以使广大民众能够近距离接触和了解中华卓越传统文化，自觉形成践行卓越传统文化的道德潮流。

（三）传统文化传承的重要手段

中华优秀传统文化具有广泛而深远的影响，但广大民众对其核心价值和基本精神的了解仍然相当有限。因此，有必要充分发挥现代媒体作为最重要和最有效的文化传承和弘扬媒介，积极宣传优秀传统文化的价值和作用，以期每个社会成员都能自觉认同、践行和传承中华优秀传统文化的基本精神。

首先，可以充分利用户外宣传栏、电子屏等平面宣传方式，提高人们对传统文化的认知水平。一方面，可以采用"公交论语"等模式，制作户外宣传栏，以图片或漫画的形式向公众介绍传统文化的知识，激发观众对传统文化的兴趣；另一方面，可以利用电子屏等资源，在人口流动较大的场所滚动播放有关优秀传统文化的内容，给人们带来视觉上的冲击，让民众在潜移默化中感受传统文化，逐渐扩大传统文化在社会中的影响力和认知度。

其次，可以与文化惠民工程相结合，将优秀传统文化推向基层。一方面，可以优化和提升各种文化惠民工程，例如通过引导文化大院举办与当地群众生活密切相关的传统文化活动；另一方面，可以规范全国文化信息资源共享工程，建立互联网中的中华优秀传统文化信息中心，实行文化共建和共享，以使更多人能够感受到传统文化的魅力。此外，秉承"政府出钱、农民看戏"的原则，可以创作和编排弘扬优秀传统文化并反映时代风尚的作品，为农村的"庄户剧团"提供更新的演出器材和流动舞台车，将戏剧送到农村，确保"一年一村一场戏"的演出目标得以实现，以便让传统文化影响到每个家庭，为文化传承创造更有利的环境。

（四）传统文化传承的制度保障

传统文化的传承是一个漫长、渐进的过程，不能追求立竿见影的政绩。为了确保优秀传统文化的传承不仅仅停留在形式上，需要建立一套精准、完善且可操作的制度体系来支持这一目标。

首先，需要建立并健全各级组织机构，明确各部门的职责。传承传统文化的重要性不言而喻，但这一工作涉及宣传、文化、教育、文物、建设、旅游、公安等多个部门。同时，传统文化资源往往涉及多个部门的管理，导致责任不明确。因此，有必要明晰各部门的职责，建立协调机制，由宣传部门主导，其他相关部门共同参与，以促进传统文化的弘扬并建立合作平台，以实现传统文化传承的协同推进。

其次，需要规范和引导民间资本在传统文化领域的运营。目前，国学班和读经班等民间学校如雨后春笋般出现，虽然表面上为传统文化传承和弘扬作出一定贡献，但这些学校的资质和师资不尽如人意，同时对传统文化中的糟粕缺乏分析，容易误导群众。这种情况需要引起文化部门的重视，进行规范管理，以确保传统文化传承不偏离正确方向。

最后，需要完善考核激励机制。各级党委和政府应将传统文化保护、研究、弘扬、传承纳入相关单位的年度工作考核体系中，分解任务、层层把关，实行精神、事业、物质激励并重的原则，以激发文化从业者和文化管理者传承优秀传统文化的积极性和创新性，确保传统文化传承工作得以切实贯彻。

二、优秀传统文化传承的机制构建

（一）完善政策保障机制

建立健全优秀传统文化的传承机制，相关的政策法律保障要先行。传统文化传承不仅需要个人的重视，还需要国家配以完善的法律和政策来保障实施，为传统文化的不断传播保驾护航。这就需要充分发挥主观能动性，制定文化管理政策，科学地管理和开发文化资源，勇于创新，建设一套完整的、科学的传统文化建设保障体系。

1. 加大投入力度和政策扶持力度

优秀传统文化的建设是一个综合性工程，需要持续投入相关资金以支持其发展。如果缺乏资金支持，传统文化的建设将难以顺利进行。应当以长远利益、子孙后代、国家和民族兴衰为考虑，加大资金投入力度，合理规划资金使用和支出，并改进相关的财政政策和保障机制。应当引导各种资金流向传统文化事业和领域，积极拓宽筹资渠道，增加文化事业在财政支出中的比重。此外，需要增加对传统文化产业在土地、财税、价格和投资等方面的支持和奖励，设立专项资金，合理安排年度预算，以确保传统文化建设得以顺利进行。同时，应该鼓励个体企业和其他社会组织积极参与传统文化建设，筹措资金，推动传统文化政策的创新和拓展传承体系建设。政府职能应当得到充分发挥，通过宏观引导和微观调节，提供支持以促进传统文化建设，搭建平台，加强国际合作，积极参与国际竞争，保护弱势企业，创造良好的政策环境和氛围，从根本上创造有利于传统文化发展的宽松环境。

此外，需要加强相关法律法规的建设，特别是完善知识产权法以支持传承体系的建设。没有完善的法律框架和健全的法律制度作为支撑和保障，传统文化事业的发展将面临困难。通过强化传统文化领域的法律法规，奖惩机制可以引导文化市场主体的行为，推动其在传统文化生产和相关文化活动中合法合理行事，建立秩序，减少内部和外部冲突、摩擦，规范市场行为，最终实现资源合理配置。

同时，需要坚持改革开放政策，积极引入世界优秀文化产品，鼓励文化企业在国际市场中积极开展文化交流和合作，提高文化企业在国际市场中的竞争力，增强中国传统文化的国际影响力。

还需要通过制定法律法规来保护国家传统文化，防止受到外部过度冲击，维护国家利益和安全，确保国家传统文化的传承和保护。中国拥有悠久的文化历史，传承了丰富的文化遗产，这些文化遗产是中华民族的宝贵精神财富，也是世界文化史上的珍贵宝石。因此，每个中国人都有责任去保护和传承这一宝贵的传统文化，以确保它得以传承下去。这需要建立完善的法律保护体系，这不仅是中国法治建设的重要一环，也是保障传统文化发展的关键措施。

2. 鼓励各地开展地方特色文化事业

文化是地理环境、社会形态和生产方式等相互作用的产物，它的生成和发展无不带上地方特有的传统印证。文化积累越浓厚，地方特色就越鲜明、越独特。我国优秀的传统文化就是有各个民族、地方各具特色的文化组合而成，鼓励不同地方和民族发展特色文化是传承传统文化的重要内容和方式之一。

充分认识少数民族优秀文化对于整个优秀传统文化的重要作用和意义，是繁荣少数民族文化的思想前提。在建设少数民族传统文化的过程中，要时刻保持头脑清醒，要有强大的历史使命感和责任感，切实增强为民族地区服务的本领，贯彻和落实新发展理念，满足少数民族群众基本的文化权益和需要。把繁荣少数民族文化这个任务放到战略性高度，加强对各少数民族传统文化的进一步挖掘和保护，做好文物以及非物质文化遗产保护工作，做好文化典籍的整理和出版。同时要求实事求是，一切从实际出发，根据不同地区的不同情况，包括经济社会发展水平、民族风俗习惯等，因地制宜。完善民族地区传统文化保护的各项规章制度，实行特殊的优惠政策对其进行照顾。进一步发掘不同地区的特色传统文化深刻内涵和宝贵价值，实现传统文化的不断繁荣和发展。为民族地区文化的发展添砖加瓦，最终实现党的民族政策和文化建设目标。

推动和加强农村传统文化建设，是全面贯彻落实科学发展观的重要内容，是保持农村和谐稳定的重要举措，更是弘扬优秀传统文化的重要内容之一。要把农村传统文化建设摆到重要议事日程，加强领导，加大投入，增强活力，健全制度，确保农村传统文化建设各项任务落到实处。

（二）以产业化之路，推进文化传承机制

文化产业化就是指将文化业进行集约化、规模化和市场化发展，以便创造出符合社会和大众需要的文化产品。

在当今这个社会，科学技术突飞猛进，经济社会不断转型、变革，人民的生活日益丰富多彩，对文化产品的要求也就愈来愈高。要推进传统文化建设不断前进满足人民的文化需求，就要走文化产业化的道路，要推动文化产业跨越式发展，也就必须构建现代文化产业体系，需要我们不断创新，创新传统文化产业的生产方式。传统文化发展的根本动力在于改革创新，改革是促进传统文化建设不断前进的必由之路，创新则是文化发展的制胜之道。我们要抓住机遇，进一步探索文化改革的新思路，以改革盘活存量资源，以创新增强发展活力。要继续深化文化体制改革，推进国有文化单位改革，加快经营性文化单位向企业制的改革，正确引导社会资本、非公有制文化企业以多种方式参与国有经营性文化单位的改制，促进文化生产要素和社会资源、力量向文化产业的聚集，促使传统文化产业不断壮大、做强，形成规模。

1. 发掘优秀传统文化，构建文化产业体系

发展传统文化产业，满足人民不断增长的精神文化需求是推进文化改革发展的重要抓手和重要途径之一。加快推进我国传统文化产业不断发展，应进一步结合现代科学技术，积极探索和创新传统文化产业的生产方式。各个地区之间应结合自身优势，从自身实际出发，科学合理地谋划布局传统文化产业发展空间和发展潜力，寻找符合自身的传统文化发展体系和产业化道路。充分发挥市场的基础性作用，推动文化企业的改制与重组，使文化资源向具有一定优势的企业和领域内集中，集中培育一批新文化企业，加快与科学技术结合的步伐，加快技术创新，掌握核心技术，尽快形成创新成果，丰富和发掘一批优秀传统文化产品，注重提高传统文化产品的质量。使文化企业不断增强竞争力，参与国际竞争。

（1）不断寻找突破口，推动文化产业与其他相关产业的结合、创新，深化文化产业结构调整，推动文化与农业、工业以及服务业的横向发展，不断融合、衍生产业链条，提高文化产业所蕴含的附加值。重视打造高端传统文化品牌，树立品牌形象。充分发挥高校、科研机构的科研优势，健全传统文化技术创新体系，增强文化产业核心竞争力。加强传统文化创意与文化企业的结合。同时，将城市建设和农村建设与传统文化建设相结合，统筹

发展，科学规划，提高城市和乡村建设的文化品位。促进资本向文化产业的聚集，促进传统文化事业的壮大、发展。

（2）把文化体制改革不断深化的梦想、传统文化大发展大繁荣的梦想、文化强国的梦想嵌入中华民族伟大复兴的中国梦之中。要在科学发展观的引领下全面、深刻把握文化大发展大繁荣对文化制度有效性的强烈要求和迫切愿望。要着力推进传统文化事业发展，切实保障公民基本文化权益，努力加大传统文化投入，逐步缩小城乡之间和地区之间在人才、资金和基础设施等方面的实际差距，扩大公共文化服务体系的规模、功能、运行有效性，尤其要在农村传统文化建设中强化资金、资源、人才配置，因地制宜，分类实施，让亿万人民得到更多参与机遇和实惠，全面提高公民道德素质，形成社会风清气正与个人幸福快乐的日常生活秩序。

（3）着力推进传统文化产业发展，鼓励不同经营主体和资本形态进入传统文化产业，强化文化企业法人治理结构、现代企业管理方式以及与科学技术高度融合基础上的创意研发能力，规范国内市场，在"走出去"过程中增强中国文化企业和中国传统文化产品在国际市场的核心竞争力，在满足不同消费人群的多元文化消费诉求中将文化产业打造成国民经济支柱性产业。

2. 树立文化的品牌意识，创建名牌文化工程

文化是国家软实力的重要源泉，而且软实力已经成为衡量一个国家综合国力的重要因素。而传统文化发展的根本动力在于改革和创新，传统文化创新就是要不断创立自主知识产权的文化品牌。当今的世界竞争日益激烈，全球化不断加深，我国应发展并创建中国自己的传统文化名牌产品，积极参与国际竞争，同时不断借鉴国外的先进文化内容、文化技术和先进的管理经验，学习西方传承传统文化的先进做法，深度开发我国特有的传统文化资源，利用我国地大物博、文化资源丰富的优势，加大传统文化创新投入力度，形成自己的文化品牌和特色，鼓励、支持有实力的文化企业和优秀文化品牌"走出去"，和国外文化品牌进行竞争，在"走出去"过程中增强中国文化企业和中国传统文化产品在国际市场的核心竞争力。

因此，要适应人民群众传统文化需求的新特点和审美情趣的新变化，不断推进传统文化内容形式的创新，推动不同艺术门类和传统文化活动相互融合，积极运用声、光、电等手段提高传统文化的表现力，实现题材体裁、风格流派和表现手法的多样化。要积极运用现代科技手段开发利用民族文化资源，改造传统文化产业，催生新的传统文化业态，大力发展传统文化创意、文化博览、动漫游戏、数字传输等新兴产业，加快构建传输快捷、覆盖广泛的传统文化传播体系。促进民族地区传统文化事业的不断繁荣发展，加大政策保障

力度和相关资金投入，切实开展民族特色文化保护工作，同时要加强对少数民族文化经典的宣传。通过举办本地和民族特色的文化艺术节和开展特色旅游、举行传统节日庆典等文化活动和文化形式。

只有创立自己的文化品牌，不断创新，才能面向世界提高我国传统文化的知名度和影响力。与此同时，不断深化文化体制改革，提高传统文化产品和文化产业的层次，标新立异。将传统文化建设与科技进步紧密结合起来，优化文化产业的配置，做好产业结构的调整，不断与世界接轨，让传统文化产品的内容、质量和管理上面下功夫，精心打造拥有自主知识产权的文化品牌和文化产品。

在传统文化创新的过程中，还要反对形式主义、恶意炒作、过度包装等不良行为和习惯，而是将主要精力放在文化产品的不断发展创新上面，将自己所创造出来的文化产品推向市场，经受文化市场的洗礼和考验。

（三）依托现代传媒技术的传播机制

构建和发展现代传媒体系，提高传播能力，是弘扬中华优秀传统文化的重要手段和必由之路，关系到优秀传统文化传承的成败。建立健全现代化的传统文化传播体系，形成覆盖范围广、传播技术发达的现代化的传播机制，这是提高我国优秀传统文化在世界影响力重要举措和必然出路，所以要加强对相关出版社以及广播电台和电视台的管理，深化传统文化传播媒体的机制改革和创新，加强国际传播能力建设，打造国际一流媒体。

近年来，我国文化宣传部门大力加强了传播能力建设，我国统筹报刊、通讯社、广播电视以及互联网和出版社等多种媒体，统筹有线、无线、卫星等技术手段，加快建设现代化文化传播体系的步伐，积极拓宽文化信息传播渠道，丰富传播手段，成立专业的传播队伍，汇聚专业文化传播人才，凝聚力量为传统文化的传播贡献力量。

第一，加快构建现代传播体系，是适应我国经济社会发展和国际地位变化的迫切需要。随着我国综合国力增强，中国在世界上的地位、中国发展对世界的影响更加凸显，国际社会对中国的关注度不断提升。因此，要加快传播能力体系的建设，加快形成与我国经济社会发展水平和国际地位相适应的传播能力和传播技术，增强向世界推销中国、客观评价、介绍中国的能力，满足国际社会对来自中国信息的多样化和多层次的需求，引导世界各国客观地、理性地看待中国的发展和中国在国际事务中作用，营造有利的国际环境，向世界展现现代化的中国文明、民主、开放、进步的形象。

第二，加快推进现代化的传播体系建设，是提高中华文化辐射力和影响力的迫切需要。一个民族的文化影响力，取决于其包含的思想内容和其所具备的传播能力。文化传播能力越强大，其文化覆盖的范围就越宽广，他们的思想文化和价值观念就能在全世界的范围内得到广泛地传播，也就必然更有力地影响这个世界。因此，要加强传播能力建设，加快我国的文化传播方式和传播手段向数字化转型，提高文化传播的科技含量，利用现代科学技术和手段提高文化产品生产和传播效率，增强中华传统文化的吸引力和影响力，更好地推动中华传统文化走出国门，走向世界。

第三，建立完善的现代化文化传播体系，是应对全球化挑战的重要举措，是应对国际传播体系处在不断变化、变革之中的重要对策。在当今的世界，科学技术突飞猛进，传播技术不断更新，传播的全球化越来越明显，在激烈的国际竞争中要想立于不败之地、赢得一席之地，就必须完善传播体系，加快与科学技术的结合，面向全球，参与国际竞争，拓展自己的传播空间，才能占据主动地位，实现传播资源最佳配置和传播效益最大化。因此，要积极适应国际传播发展的新形势、新局面、新挑战，坚持全球化理念，积极拓宽自己的国际视野，做到国内传播与国际传播的统筹协调发展，做到经济社会与提高文化传播能力和质量的协调发展，要放眼国际，面向全世界，建设有重大国际影响力的国际顶尖媒体行业，提高传播信息的质量，增强其所包含信息的容量，使来自中国的各种文字、声音等信息漂洋过海传播到世界每个角落，进入亿万家庭。

第三章　中小学道德与法治教学的原理体系

第一节　中小学道德与法治教学的主题

一、个人发展教育主题

（一）个人发展教育主题的认知

1. 个人发展教育主题释义

个人发展在道德与法治课程中主要包括个性心理品质、思想素养、价值观念、道德品质与行为等的培育，重点是学生的品质发展。关于个性品质，可以将个性解释为个人特有的气质、兴趣、性格等心理特征的综合，这个解释将个性定位在心理特征上；将品质解释为人在思想作风、行为品德方面表现出来的本质。同时，对与之相关的品德、品格、品行、品性等词语也有具体解释，如品德为人的德行；品格为人的品性格调；品行为侧重在人的外在行为表现；品性为侧重指人内在的思想品质和修养。值得注意的是，品质一词出现在对品性的解释当中。为此，可以将个性品质看作是两个联合词组，即由个性与品质组合而成，是指人的稳定的个性心理特质和思想道德行为表现的综合表征，包括个体的气质、性格、爱好、道德表现、思想观念、价值取向。

理解个人发展主题的教育意义，不能囿于"个人"层面，个性品质有个性本质特征的一面，但个性品质的真正意义还是社会性的，只有在社会生活中，个性品质才有意义。这个认识是人们把握个人发展视野、理念、价值的思想原点。它要求人们开展个人发展主题教育：一方面要有鲜明的个体针对性，有个性化教学的手段和策略；另一方面，还需将个人发展与集体、社会，甚至民族、国家、世界教育紧密结合起来，使个人发展适应社会需要。个人发展教育主题是道德与法治课程的基础性、先导性、一以贯之的主题，对学生其他领域主题的学习起着重要的支撑作用。深入把握个人品质教育主题的内容构成、育人价

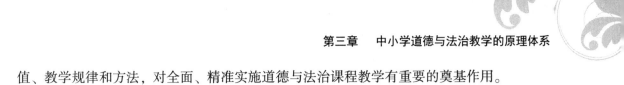

值、教学规律和方法，对全面、精准实施道德与法治课程教学有重要的奠基作用。

2. 个人发展教育主题的内容

（1）"健康、安全地生活"，侧重个体安全卫生、健康的意识与行为习惯以及新环境适应能力等教育，是现代公民文明素养在个体发展方面的重要内容。

（2）"愉快积极地生活"，侧重人际友善、情绪管理、自然意识初步的自我认识与发展意识、初步的意志品质等教育，是现代公民文明素养在自我管理及与他人、自然关系方面的启蒙教育内容。

（3）"负责任、有爱心地生活"以班级、家庭、家乡、公共场所、国家为内容范畴，侧重责任意识、爱心教育、环保意识、集体生活以及爱党、爱国、爱人民教育，是现代公民文明素养在责任、爱心、国家意识方面的教育内容。

（4）"动手动脑、有创意地生活"侧重个体兴趣爱好、实践动手能力、思考探究意识方面的教育，是现代公民文明素养在创新意识、实践能力方面的教育内容。

（二）个人发展教育主题的教学思想

中国古代教育思想中蕴藏着丰富的个性化教育教学思想，主要体现在教与学、学与思、知与行等关键命题方面，且个性化育人思想与调动学生的学习主体性、积极性以及开放性学习是相连的。在教与学方面，学生个体发展的差异性和主体性是中国古代教育关注的焦点之一，对学生差异性和主体性的认识是个性化教学思想的原点。

个人发展主题教育教学必须充分尊重人的个性特征，充分调动人学习发展的主体性，致力于促进个性化的良性发展，并使个人发展适应社会发展需要。由此，道德与法治课程的个人发展主题的教学在总体思想上，应尽可能考虑三个要素：①是否充分了解了学生，做足了客观的、实事求是的学情分析，并使尊重个性与规范引领有机结合；②是否抓住了具有普遍意义的个人发展教育要点，以发挥班集体授课制的教育优势，使个人发展教育的特殊性与普遍性有机结合；③是否足够关注个人发展的突出问题，并有个性化教育策略和方法，持续追踪教育，使常规课程教育教学任务与长期的有责任、有爱心的育人使命有机结合。

（三）个人发展教育主题的教学方法

个人发展主题的教学需要遵循先进引领、行为示范，理解包容、以情动人，尊重个体、个性发展等原则。传统教学方法有故事教学法、奖励法、惩罚法等，现代教学较多采用讨论教学法、体验教学法、行为示范法、案例辨析法、美文赏析法等。在传统教学方法中，故事教学法是个体发展的一种古老而经典的教学方法，它通过生动的人物角色塑造，引导学生感受真、善、美和假、恶、丑等不同的道德形象，追求真善美。在强调生活教育的当下，故事教学法不应被抛弃，甚至可以通过多媒体，使故事教学法更加直观生动。

传统的奖励教学法是促进学生个体发展的有效方法，而且这种奖励的积极效应体现在学生发展的多方面，但现今的奖励法过多地表现在教师课堂上即时的、随性的口号上，需要注意的是，即便是口头表扬与激励，用语和方式也需要走心，思考奖励效果如何最大化。

二、家庭教育主题

家庭是社会的细胞，是个人成长的第一所学校，也是个体人格、品性、思想道德发展的终身学校，深刻影响一个人的行为习惯、个性心理品质、价值观念和思想道德行为；同时，家风、家训、家教、亲情、和睦邻里是中国特有的传统文化根脉，是烙印中国文化底色、培育家国情怀的恒久基地。由此，道德与法治将"我的家庭生活"列入专门教学主题内容，内涵丰富，意义深远。

（一）家庭教育主题的意义

把家庭当作课程学习主题不仅是为了让学生了解、认识家庭，学会过健康和睦家庭生活，还是为了传承中国家庭优秀传统文化，发展现代家庭文明，从家庭作为"社会细胞"的视角促进学生的良性社会化进程。作为道德与法治课程领域之一的家庭教育，其与一般家庭教育的内涵完全不同，它以学生生活视角、学生角色立场、学生社会性发展为主要内容和教育导向，侧重于学生的家庭意识、角色与责任、生活常识、亲情关系处理、邻里和睦等教育，而一般家庭教育则是父母主角、主场、主导，阐述父母的责任义务、家庭关系调节艺术、教育子女的方法等。

道德与法治课程的家庭教育意义主要表现在如下方面：

第一，培育学生热爱家庭生活的情感，启蒙良好的家庭生活观念。当前，许多学生将家庭的爱心、照顾、温情视作理所当然，如不加以正确引导，久而久之，家庭的爱与温暖换来的可能是不良的依赖习惯。因此，教育引导学生懂得、珍惜、学会爱家庭之爱，理解家人的辛劳，才能达成父慈子孝、母贤子孝的目的。

第二，引导学生学习家庭生活，养成健康文明的家庭生活习惯，包括学习了解家庭关系及相处之道，学习力所能及的家务劳动技能，懂得安全使用现代家庭用品、工具和邻里和睦的道理，等等。

第三，适度弥补现代家庭变革对学生教育的不足。受中国现代社会变革、城市化变迁的影响，家庭结构小型化、家庭成员工作机制化、邻里关系陌生化，家庭教育功能日渐萎缩。父母受制于学生未来发展的压力，加之时间所限，把更多的精力和关注点放在学生的学习成绩上，对学生的品行、品性教育关注不够，在这种背景下，道德与法治课程如何与常规家庭教育结合，主动承担起家庭教育对学生人格品性教育的短缺，是个需要深入探索的问题。

第四，弘扬和传承优良家教、家风、家训等家庭美德和文化，使中国传统的优秀家庭文化与现代家庭文明结合起来，发挥家庭文明对社会文明、政治文明的基础性、支撑性作用。

（二）家庭教育主题的内容

以社会生活为基础是道德与法治课程建构与教学思路的主线，家庭生活是其中重要的组成部分，由小学阶段、中学阶段，形成螺旋递进的家庭教育内容层次格局。在小学阶段，将家庭教育主体融入日常生活之中，突出尊重父母长辈、感恩、健康安全的家庭生活及行为习惯、力所能及的家务劳动等主题教育；在中学阶段，家庭教育以专门领域、主题呈现，在承接、持续加强低年段家庭教育主题的基础上，扩展家庭关系认识、家庭矛盾理解和调解家庭经济生活等内容，初步将家庭教育引向其作为社会细胞的认识视角，进一步促进学生的社会性发展。

三、学校教育主题

学校是人生成长打基础的阶段，也是学生通向社会的漫长阶梯，对学生的思想道德、人格品性、身心健康、知识技能、社会性发展有着终身的重要影响。道德与法治课程设置学校教育主题专门内容，不仅为了规范学生有序的学校生活，而且通过学校"小社会"的教育，促进学生社会性的健康发展。

（一）学校教育主题的意义

把学校当作课程学习主题不仅是为了让学生认识、适应学校，很好地运用学校生活实现自我健康成长和发展，而且是站在学校是一个具有多功能的社会机构的视角，促进学生的社会性发展。分析学校教育主题的意义有两个基本视野：①学校教育功能的视野，即学校对人的成长究竟有哪些方面的价值和作用，这是人们将学校作为学生学习主题纳入课程内容的认识基础和前提；②学生发展的视野，即学生通过学校生活可以实现哪些方面的发展，通过学校主题的课程学习重在发展哪些方面的认知与能力。

学校教育主题的主要意义主要表现在符合国家层面对教育功能的设定。关于学校教育功能的确定，直接通过有关学校的法律规定的不多，如我国《中华人民共和国教育法》（简称《教育法》）在赋予学校及其他教育机构的权利和义务中，将学校教育功能明确规定为组织实施教育教学活动，贯彻国家的教育方针，执行国家教育教学标准，保证教育教学质量等。更多的学校教育功能体现在对教育和教师教育教学的规定上面，如《教育法》在总则中规定教育是社会主义现代化建设的基础，教育必须为社会主义现代化建设服务、为人民服务，必须与生产劳动和社会实践相结合，培养德、智、体、美等方面全面发展的社会主义建设者和接班人，教育应当坚持立德树人，对受教育者加强社会主义核心价值观教育，增强受教育者的社会责任感、创新精神和实践能力。国家在受教育者中进行爱国主义、集体主义、中国特色社会主义的教育，进行理想、道德、纪律、法治、国防和民族团结的教育，教育应当继承和弘扬中华民族优秀的历史文化传统，吸收人类文明发展的一切优秀成果，教育活动必须符合国家和社会公共利益等。

另外，《中华人民共和国教师法》规定教师的六条权利和六条义务，涉及学生教育功能的由指导学生的学习和发展，评定学生的品行和学业成绩；贯彻国家的教育方针，遵守规章制度，执行学校的教学计划，履行教师聘约，完成教育教学工作任务；对学生进行宪法所确定的基本原则的教育和爱国主义、民族团结的教育，法制教育以及思想品德、文化、科学技术教育，组织、带领学生开展有益的社会活动；关心、爱护全体学生，尊重学生人格，促进学生在品德、智力、体质等方面全面发展；制止有害于学生的行为或者其他侵犯学生合法权益的行为，批评和抵制有害于学生健康成长的现象等。

上述法律规定可以看作是国家对学校教育功能的权威定位和要求，显然，国家从学生成长规律、国民整体素质、人才规格标准、经济社会发展等多维角度，对学校教育功能提出了全面的要求，主要包括贯彻国家教育意志、促进学生全面健康而有个性地发展体现教育对促进社会发展进步的作用等方面。国家的学校教育功能诉求转化为学生学习学校主题的价值，就是要求学生将自己各方面的发展与国家民族利益、社会发展进步、未来变革趋势等密切联系起来，为未来走向社会、服务社会和国家做好思想道德修养及知识技能储备。

综上所述，学校教育的基本功能是用来传承人类文明、培养适应社会、参与社会、创造社会各类人才的。学校是人类文明与知识的殿堂，是学生学习生活的主体场域，还是学生视野的社会生活窗口，就这个意义而言，道德与法治课程中的学校教育主题具有人本性、文化性和社会性。将学校教育主题纳入道德与法治课程体系，目的在于借助学生学校生活经验和平台，因势利导，开展集体观念、规则意识、学校纪律、师生交往、学习发展等方面的教育，增强学生适应、悦纳并积极投入学校生活的能力，进而启蒙他们的社会意识，逐步培养他们认识、适应、参与社会生活的良好态度和能力。

（二）学校教育主题的内容

学校教育主题是道德与法治课程的重要内容，贯穿课程"三标一纲"内容体系之中。

小学低年段品德与生活的学校教育主题全面渗透在课程内容标准的四个方面，是品德与生活内容构成的主干，主要目的是教育引导学生主动适应积极参与学校的学习生活，帮助学生顺利过渡到小学生活。就具体内容标准而言，相对直接涉及学校教育主题的内容如下：

第一，健康安全地生活。其中包括按时作息，生活有规律；在学校里情绪安定，心情愉快；熟悉学校环境，能利用学校中的卫生保健设施。

第二，愉快积极地生活。其中包括喜欢和同学教师交往，高兴地学，愉快地玩；在成人帮助下能较快地化解自己的消极情绪；能看到自己的成长和进步，并为此而高兴；在成人的引导下学会正确地对待自己的学习成绩；在成人帮助下能定出自己可行的目标，并努力去实现；能欣赏自己和别人的优点与长处，并以此激励自己不断进步；学习与生活中遇到问题时愿意想办法解决；敢于尝试有一定难度的任务或活动。

第三，负责任、有爱心地生活。其中包括做事认真负责，有始有终，不拖拉；关心他人，友爱同伴，乐于分享与合作；认真完成自己承担的任务；能初步分辨是非，做了错事勇于承认和改正，诚实不说谎；喜欢集体生活，爱护班级荣誉。

第四，动手动脑、有创意地生活。其中包括喜欢提问和探寻问题的答案；学习用观察、比较、调查等方法进行简单的生活和社会探究活动；能与同伴交流、分享、反思探究的过程或成果；能对问题提出自己的想法与看法；学习利用图书、电视、网络等多种方法收集需要的资料；在成人的帮助下，能总结、提升获得的经验或信息。

上述内容涉及学生在学校的道德品质、安全、心理、学习、师生交往等方面，教育内容注重行为细节，适合低年段学生的认知特点和规律。丰富的学校教育主题有助于学生全面了解和适应学校生活，为他们的社会化进程打下良好的基础。

小学中高年段的品德与社会课程标准与品德与生活课程标准不同，学校教育主题大为缩减，并且以专题领域的形式出现。这样布局的原因是小学低年段学校教育主题已经非常充分，同时，中高年段课程还需容纳个人发展、家庭教育、社会教育、国家教育、世界教育等广泛的内容，必须有所取舍和选择。就具体内容标准而言，品德与社会课程涉及学校教育主题的内容主要集中在学校生活专题领域，共有 7 条内容，包含了学校方位、学校部门与工作人员、学习态度与方法、同学交往、集体教育、班规校纪、班级组织等。很显然，品德与社会课程中的学校教育主题有一定理性和高度的提炼与归纳，并突出强调学校生活的观念态度、规矩等意识教育，这是对品德与生活课程学校教育主题的合理提升。

在中学阶段，学校教育主题的布局更为精细和专业化，以满足学生个人发展、家庭教育、社会教育、国家教育和全球教育等多方面需求。与小学不同，中学的教育主题更为广泛，更具深度。中学应促使学生积极参与社会和社区事务，培养他们的公民责任感和社会参与能力。这包括了解国家和社会的运作、参与志愿者活动以及参与社会问题的讨论和解决，等等。

（三）学校教育主题的策略

学校教育主题的教学策略除了要遵循道德与法治课程常用的教学方式方法之外，关键还要充分发挥"近水楼台"的优势，利用学校环境和资源，结合学生成长实际和需要，因地制宜，就地取材，有针对性地开展教育教学活动。

1. 开发运用校本资源

校本资源包括学校发展历史、标志性发展事件、代表性人物、重大教育教学成果等，把这些资源和教材课文的内容整合起来，建构适应学校学生实际需要的新的教学内容体系，实现教学资源的校本化再开发、再构造。一些教师将校长、其他学科教师、校工人员等请进道德与法治课堂，参与教育教学活动，就是很好的创意创新。

2. 结合学生发展实际

充分研究学生，紧密结合学生发展实际和需要是根本立足点，牢固确立学生才是学校教育主题教学的第一作用对象的人本立场和理念。学校教育主题教学一般要求有学情分析，实施学校教育主题，增加"校情分析"，还可以事先指导学生做好校内问卷调查、访谈、观察等活动记录，用作教学的第一手资料。这个活动不仅可以为学校教育主题教学服务，还可以在确保安全的前提下，培育学生的社会实践能力。

3. 扩大教学场域和视野

扩大教学场域和视野既要依纲扣本，又要走出课本、走出课堂，把学校作为大课堂。有些学校教育主题教学不必在课室里进行，可以直接搬到学校相应场所。如"认识我们的学校"就可以用参观学校场所设备的方式进行；又如"教师节的活动"可直接连接学校开展的相关活动进行，教师在课堂教学中直接开展展示活动成果、体验活动收获即可，不必坐而论道；再如"我加入了少先队"，可以直接和少先队活动课相连；道德与法治课程教学还可以与学校开展的国庆节、科技节、艺术节、体育节、文明礼貌月、环保周以及传统节日庆典等一体实施这是增强道德与法治课程生活性、社会性最好的途径，当然，这需要学校重视道德与法治课程，将其与学校德育工作整体规划、统筹实施。

4. 制订学生思想和行为教育方案

制订长期跟踪、指导学生思想和行为的教育方案，全过程指导学生的发展，使道德与法治课程教学不局限于一课、一师、一教材，真正达成促进学生持续、长远、有效、生活化发展的目的。

四、国家教育主题

国家教育主题是道德与法治课程内容的重要组成部分，是道德与法治课程育人的高地。无论是从贯彻国家意志，培养国家认同、家国情怀等爱国主义思想的角度，还是从教育社会性的上层建筑原理的角度，抑或学生个体成长价值的角度，国家教育主题都是学校教育至高无上的重点内容。国家教育主题是我国德育类课程的传统领域，中国特色社会主义建设新时代赋予了这个主题以新内涵、新要求。

（一）国家教育主题的意义

国家教育主题的基础是国情教育，包括国家的历史文化、发展现状、未来蓝图和理想等。其核心是爱国主义教育，彰显个性、社会性发展、精神塑造的高度，同时也是思想素养和政治素质培育的重要基础。国家教育主题的重要意义主要表现如下：

1. 促进学生道德情操养成

在中国特色社会主义建设时代，个人、家庭与国家的关系依然是国民人格品质、社会道德、民族国家情怀一体修为的重点，这是文化传承，更是新时代使命。当前国家要实现中国梦，中国梦的本质就是国家富强、民族振兴、人民幸福。每个人的前途命运都与国家和民族的前途命运紧密相连。国家好，民族好，大家才会好。这就将个人发展、中国梦教育和爱国主义教育紧密联系起来，强调实现中华民族伟大复兴的中国梦，是当代中国爱国主义的鲜明主题。要大力弘扬伟大爱国主义精神，大力弘扬以改革创新为核心的时代精神，为实现中华民族伟大复兴的中国梦提供共同精神支柱和强大精神动力。同时，实现中国梦还要求将个人品格修养深深植根于民族国家发展大局之中，突出爱国和爱党、爱社会主义教育相统一，促进爱国教育、爱国情感、爱国行为相一致，使爱国主义成为根植于每个中华儿女内心深处的精神内核和行为自觉，让社会主义核心价值观的种子在少年学生心中生根发芽，把国家人民、民族装在心中，养成健康、乐观、向上的品格。

2. 加强爱国主义教育

爱国主义教育是学校教育的永恒主题，在中国特色社会主义建设新时代更具有必要性、紧迫性。当代，加强爱国主义教育就是要旗帜鲜明地在课程教材教学中融入伟大梦想，使伟大梦想成为教育教学内容的精神高地，引领学生的学习和成长，其核心要旨是解决之所以学习的问题。

青年一代有理想、有本领、有担当，国家就有前途，民族就有希望。中国梦是历史的、现实的，也是未来的；是我们这一代的，更是青年一代的。中华民族伟大复兴的中国梦终将在一代代青年的接力奋斗中变为现实。这也对少年学生提出从小学习做人、从小学习立志、从小学习创造的殷切寄语。人们可以清晰地认识到，教育现代化在培养人的根本问题上，必须始终不渝坚持培养有理想、有本领、有担当的人，培养胸怀民族国家情怀的人，培养为实现中华民族伟大复兴的中国梦而不懈奋斗的人。

3. 促进道德和法治教育

教育是国家意志的体现，贯彻落实国家教育目的，反映国家意识形态及价值观主张，体现国家对人才培养的总体要求。当前，建设教育强国是中华民族伟大复兴的基础工程，要全面贯彻党的教育方针，落实立德树人根本任务，发展素质教育，推进教育公平，培养德智体美劳全面发展的社会主义建设者和接班人，这就是我国教育的国家意志。道德与法治课程意识形态属性比较强，具有极其重要而特殊的育人功能，因此，道德与法治课程必须责无旁贷地担当起传递国家意志的职责，重点是加强理想信念和中国梦教育，加强社会主义核心价值观教育，培育学生中国特色社会主义的道路自信、理论自信、制度自信、文化自信，努力培养出更多更好的能够满足党、国家、人民、时代需要的人才。

（二）国家教育主题的内容与策略

1. 国家教育主题的内容

国家教育主题作为道德与法治的重要内容和学生社会性发展的高地，贯穿课程教学的各个阶段。

小学阶段，要为学生成为爱祖国、爱人民、爱劳动、爱科学、爱社会主义的公民打下基础；爱家乡、爱祖国；初步了解有关祖国的知识，直接涉及国家教育主题的内容标准共三条：①了解家乡的风景名胜、主要物产等有关知识，感受家乡的发展变化；②热爱革命领袖，了解英雄模范人物的光荣事迹；③尊敬国旗、国徽，学唱国歌，为自己是中国人感到自豪。这三条国家教育主题具有直观性、可感性特点，重点是对学生进行初步的国家印象、知识和爱国情感教育。

中学阶段，国家教育主题重点反映在国家专题之中，涵盖国家领土、疆域、民族与文化、自然环境、名胜古迹、自然灾害、工农业生产、交通运输、信息化与互联网、古代文明史、近代抗争史、中国共产党的领导、人民解放军、中国公民与宪法和法律常识教育等。

从小学阶段至中学阶段，国家教育主题跨度较大，内涵提升较多，囊括了国家自然面貌、历史文化、现代经济、交通运输、网络通信、科学技术、政治、法律等广泛的内容题材，尽管内容难度不会很大，但由于小学道德与法治教师基本上为兼职，有同类教育背景的教师凤毛麟角，多种主题内容汇聚在一起，落在教师的教学任务之中，难度还是比较大的。科学规划国家教育主题的内容布局，加强道德与法治教师国家教育主题的培训和指导，是突破道德与法治课程教学困境的重要突破口。

2. 国家教育主题的策略

国家教育主题的教学除了要遵循道德与法治一般的教学方法和策略之外，还需要重点考虑该主题相对抽象的特点，着力解决教学中人云亦云、毫无个性、味同嚼蜡的空心化教育问题。可以尝试包括信息化、实地考察、问卷调查等综合实践方式，使国家教育主题更接地气，更有生活气息，更能直观感受。还有以下方面的策略：

（1）加强教师专业培训和学习，充实和丰富教师关于国家主题教育的相关知识，弥补教师专业素养与本课程国家教育主题宽领域、大纵深之间的落差，确保教学内容选材、表达、提炼的正确性、精准性。

（2）注重与信息技术深度融合，充分运用现代多媒体和互联网技术，增强教学的直观性、可感性，拉近国家教育主题与学生生活的距离，并使之形象化、具体化。

（3）加强教学资源整合，紧密结合时事政治，及时接入重大时事题材素材，使教学具有鲜明的时代气息。

（4）充分利用和发挥学生已有的有关国家主题的经验和认知体会，从学生生活经验出发，调动学生学习的主动性。在现代生活条件下，很多学生，即便是乡村的留守学生，已经随父母家人或学校组织的活动，通过网络信息、旅游、走亲访友等方式，跨区域了解祖国不同地区风貌的经历，初步建立起关于国家地理人文文化、经济社会发展成就等零碎的观感和认知，这是很好的教育材料和基础。

五、世界教育主题

以全球经济一体化、互联网信息互通迅捷化为特征的全球格局，使得地球村更加紧密地联系在一起，培育国民世界意识、世界胸怀是教育的时代使命。构建人类命运共同体成为划时代的世界发展主题，建设一个友善、互助、和平、发展的世界体系利在当代，功在千秋，需要每个人的积极参与。世界教育主题是道德与法治逐步扩展的六大教育领域最宽阔的内容主题，彰显个体社会性发展的时代格局和视野，是个体面向世界学习发展的重要基础，也是本课程世界眼光的重要体现。

（一）世界教育主题的意义

世界教育主题是国民现代意识培育的重要内容，是个体社会化的时代内涵，它对于开拓国民视野，整体提升国民现代素养，促进中国更好地走向世界、融入世界具有重要意义。

1. 符合世界教育主题与人的社会性发展

全球经济一体化和互联网信息的广泛迅捷互通，使整个世界变成了一个紧密依存、时时相通、利害相关、休戚与共的村落，传统农业社会的格局已经一去不复返。这种世界发展大势将每个人的命运与世界捆绑在一起，养成世界意识、世界胸怀，学会关注世界变化，遵守世界规则，尊重世界多样化不是少数社会精英的专享，而是大众的普遍修养。由此，培育世界意识成为人的社会化最新、最宽阔的领域。道德与法治课程开设世界教育主题，不是简单地了解、认识世界的问题，而是如何引领学生养成世界情怀，培育走向世界、参与世界生活、创造世界未来的精神品质和能力的问题。在一定意义上，谁能在国民的世界意识、精神和能力培育上占据制高点，谁就能在引领未来世界发展上掌握更多的话语权、主导权，这也是当今世界教育竞争、人才培养竞争的本质。

2. 符合人类命运共同体视域下的世界主题教育

人类命运共同体思想是中华优秀传统文化的现代性创造和创新，是为当代世界和平与发展贡献出的中国智慧和中国方案。其基本内涵为构建人类命运共同体，建设持久和平、普遍安全、共同繁荣、开放包容、清洁美丽的世界。具体包括全球生态和谐发展、国际和平发展、全球治理体系构建全球公平正义的新秩序等内容。道德与法治课程中的世界教育主题必须紧扣人类命运共同体思想，引导学生深刻理解中国人民的世界胸怀和理想，自觉把个人成长和未来发展融入人类命运共同体思想，立足中国自信、放眼世界发展，坚定创新、协调、绿色、开放、共享的新发展理念，培育开放、融通合作共赢的世界交流交往思想，在向世界学习中发展，在自我发展中贡献世界，立志为世界和平发展和人类进步事业不懈努力。

（二）世界教育主题的内容与教学策略

1. 世界教育主题的内容

小学教育中，要使学生尊重不同国家和民族的文化差异，初步形成开放的国际视野，要求初步了解影响世界历史发展的一些重要事件，知道不同环境下人们有不同的生活方式和风俗习惯，懂得不同民族、国家和地区之间相互尊重、和睦相处的重要意义。同时，在课程内容中开设"我们共同的世界"专题，从世界地理面貌，不同国家、地区、民族生活习俗，世界文化，世界经济往来，人类科学技术发展，世界生态环境，国际组织和国际公约，和平与发展等方面建构小学中高年段世界教育主题内容体系。

中学阶段世界教育主题呈现基础性、初步性和观念性基本特征，其意图并非要学生系统地、具体地掌握世界知识，而是要学生通过初步了解世界，培育学习世界的意愿、开放的世界视野、包容的世界情怀、关心世界的情感、参与世界的愿望等。这些可以看作是学生世界意识的基础性培育，也为他们在更高阶段的道德与法治、地理、历史等学科的学习打下基础。

2. 世界教育主题的策略

世界教育主题的内容主要聚焦在世界地理、人口、民俗风情、交往交流、环境生态等基本面貌、概况和问题方面，把握世界教育主题，关键有两种策略：一是除了沿用道德与法治一般的教学策略和方法之外，必须考虑该主题教学远离学生实际生活的特点，充分发挥信息化教学优势开展教学活动。二是要教育学生有世界视野，教师必先要有世界视野，这一点特别重要，需要强化。重点是培育关注世界的意识，平时多注意积累素材。

教师培育世界视野的途径不是只有环游世界这一种方法，通过观看影视节目、阅读有关国外的书刊和信息资料、关注国外的新闻动态等，都是很好很有效的途径。具体到教学方面，可以从三个方面增强教学的全球眼界：①合理、合法、恰当引用有关国外的案例素材进行教学，切合主题，生动有趣；②与国际理解教育结合起来，开展相关专题教育活动；③结合国际性节日、纪念日，如地球日、水日、粮食日、和平日等，以及专项国际性活动如奥运会、地球一小时等，组织学生积极参与，培育人类命运共同体意识和情感。

第二节　中小学道德与法治教学的目标

一、教学目标及其层次

教学目标是教学活动施行的方向和预期达到的效果，是所有教学活动的出发点和最终归宿。教学目标强调了由学习活动所引发的，学生在学习前后的变化，当完成一段时间的学习后，学生能够做些什么，应该掌握什么，或能够具备哪些特征和能力。简单来说，教学目标就是关于教学将使学生产生何种变化的具体表述，是指在教学活动中期望收获的可测量的学生的学习效果。

关于教育教学方面的目标，由于层次不同，可以分为教育目的、教育目标、课程目标及教学目标等。

教育目的是社会培养人的总要求，是依据一定社会的经济、政治、文化、科技发展水平要求和受教育者身心发展规律和状况确定的。它反映了一个国家或一定社会对培养人的方向的指导性要求，往往体现在宪法、教育基本法以及国家的教育方针之中。教育目的的实质是"培养什么样的人"，表达了一定社会终极的教育价值，是教育工作的出发点和最终目标，指导着各级各类教育活动。我国现阶段的教育目的是培养德智体美劳全面发展的社会主义事业的建设者和接班人。

教育目标是培养人的方向和规格，是对教育目的的具体化，体现的是对不同性质和不同阶段教育的要求，又称各级各类学校的"培养目标"。如我国现阶段的中小学教育目标旨在对每一位学生进行"养身育心"，以实现学生德、智、体、美、劳诸方面的全面发展，为其终身可持续发展奠定基础；法治教育目标着重普及宪法常识，养成守法意识和行为习惯，让学生感知生活中的法、身边的法，培育学生的国家观念、规则意识、诚信观念和遵纪守法的行为习惯。

课程目标是一门课程的意图和所要达到的教学要求，是具体化的教育目标，是针对某一具体学科领域的特点和学生发展的状况而提出的具体目标。课程目标是课程设置的直接目标，它从课程的角度规定了学生通过某门课程的学习后，在品德、智力、体质等发展方面所应实现的学习效果，在课程标准中出现。课程目标是课程的价值导向和宗旨，是课程开发的出发点和落脚点，是确定课程内容和设计教学目标、教学方法的根基。

教学目标是对课程目标的进一步具体化，与具体的教学内容和过程密切相关，是关于教学活动能使学生身心产生何种变化的明确描述，是对学生在教学活动中及结束后所要达到的各方面状态的规定或设想，表达了在教学活动中所期望学生收获的学习结果，又称"课堂教学目标"。教学目标是对课程目标的分解和细化，当落实和实现了每一个课堂教学目标，课程关注的大目标也就完成了。教学目标可具体细化为单元目标、课的目标和课时目标。顾名思义，单元目标是在一个教学单元中要完成的任务。课的目标是在一篇课文中要达到的目标。课时目标是每节课要实现的任务。单元目标、课的目标和课时目标层层递进，一个比一个清晰、具体和指向性明显。

教育目的、教育目标和教学目标三者既相互区别，又相互联系。教育目的与教育目标、教学目标之间的关系是普遍与特殊、一般和个别的关系。教育目的是整个教育工作的核心，较广泛、长远，是终极目标，带有理想成分和长期性，为教育工作者指出了努力的方向。教育目标与教育目的相比，显得较为具体，且有一定的针对性和现实可能性。教学目标最为具体，是针对某一具体教学活动提出的，更能在实践层面上进行操作和实施，最具可实践性和可测评性，教育目的、教育目标的主要意图都得通过具体的教学目标来实现。

二、教学目标的主要功能

教学目标不仅是教学活动所要达成的预期目标，还对教学活动具有重要的调节作用。有效的教学目标规定着教师的教和学生的学，支配着教学活动的全过程，对组织教学内容、确定教学重点、选择教学方法、安排教学流程等起着重要的导向作用，是课堂教学的灵魂，是落实课程目标的保障。合理、恰当的教学目标一经确定，有助于规范教学活动的方向性和目的性，避免无目标的随意性教学行为，对课程目标的真正落实和教与学双向活动的高效开展起到积极的促进作用，具体表现如下：

（一）达成课程目标

教学目标的准确设立是实现课程目标的基本途径。一个个明确的教学目标，是有计划、成体系、循序渐进地保障课程目标贯彻落实的重要手段。通过设立科学、准确的教学目标，对课程目标、单元目标进行每课时的具体化处理，教师对课程有清晰的认识，避免对课程标准和教学内容的随意阐释，确保了课程的方向性和一贯性，实现课程目标的落地。

（二）调控教师教学

教学目标是教师教学活动的指南，它调节和控制着整个教学过程，对教学活动的开展具有统领作用。预期的教学目标是教学准备、实施的指挥棒，使教师合理利用课时、科学组织教学内容、选择教学策略，充分发挥教师的主导作用，有效实现对教学的掌控。教师以预期目标为依据，预设、组织和实施教学活动，充分运用设问、探究、体验、测试等方法调控课堂教学，使教学活动朝着预期的目标发展。教学目标还具体反映了教师的教育思想和理念，为了促使学生发生预期变化，达成教学目标，教师会精心组织教学内容，删减、补充或整合给定的教材内容，研究和采用使学生收获最大化的教学策略与方法，科学设计教学过程，调整课堂节奏，优化教学环节，提高课堂效率，确保教学活动的有序性、连贯性和整体性。

（三）激励学生学习

对学生来说，学习的第一要务应当是明确学习目标。教学目标是以学生为主体，对学生学习效果程度的描述，是学生进行有目的的学习活动的指标。上课前，对教学目标的明确，可以使学生了解预期的学习任务，做到有的放矢，将教学目标内化成自己的学习目标，更好地制定符合自己实际的学习方案，有效地学习。在课堂学习过程中，教学目标可以激发学生的学习动机，改善学生的学习表现。合理的、符合学生认知水平的教学目标能激发学生的学习动机和学习积极性，使学生产生实现目标的强烈愿望，形成学习心向和学习内驱力。

教学目标太简单，学生会觉得过于容易、没有挑战性而提不起学习和参与的兴趣；教学目标太难，学生会觉得不管自己怎么努力，都不可能达到而心灰意懒，无动于衷。这就需要教师根据学生的学情、经验和个体的实际需要确立具体的、高于学生现有的发展水平，"跳一跳"能够得着的难度适中的教学目标，这样才能更好地发挥学生学习的主体作用，使其产生主动参与学习的意识，自觉选择学习方法并监督自己的学习进程，获得较持久的学习动力，提高学习效率。

（四）提供教学评价的依据

"对一堂课的评价来说，评课有很多标准，如根据学生的课堂参与程度、教师上课的思维清晰度等，但利用目标来导向测量和评价，看教学是否达到了预期目标是最可靠和客观的标准"[①]。教学目标是对学生学习效果的预设，具体的教学目标为检验学生学习效果的达成提供了客观的评价依据。对教学目标的检验，往往包括评判教学目标是否实现，目

---

① 郭成. 课堂教学设计［M］. 北京：人民教育出版社，2006：111.

标达成到何种程度，教学质量如何，能否进一步优化教学过程等都以原定的可测的教学目标为检验的标准和依据。描述为具体行为表现的可操作的教学目标，为科学测试、做出客观评价提供了明晰的指标，为教学评价提供了科学依据，有助于教师对教学过程的评鉴和修改。

三、中小学道德与法治课程教学目标及其设立

（一）道德与法治课程目标

目前，道德与法治课程目标尚未出台，但是，从课程目标的功能来看，道德与法治课程目标既是教材编写的依据，也是教师分析教材、设计教学的依据。课程目标不但规定着教学设计的方向，还决定着教学资源、教学活动的取舍和组织。教师在选择教学内容时必须严格按照课程目标的要求进行，选取哪些内容，这些内容在什么阶段出现，用什么方式呈现，都取决于课程目标的规定。课程目标的三维特点引领着学生以什么方式学习本课程，为学生学习方式的选择提供了标准和依据。此外，课程目标还是课程实施和课程评价的指标，是教学活动的价值追求。

从课程目标的内容来看，已在实施的品德与生活（社会）课程标准中就明确指出，旨在培养学生的良好品德，促进学生的社会性发展，让学生认识社会、参与社会、适应社会，成为具有爱心、责任心、良好行为习惯和个性品质的公民奠定基础，帮助学生参与社会、学习做人是本课程的核心，既反映了德育课程的特点，也充分说明了培养学生良好的情感态度与价值观是本课程的主要目标。

立德树人是教育的根本任务，道德与法治作为显性的德育课程，把情感态度与价值观目标放在了首要的、突出的位置，关注学生良好道德品质、法治意识和国民素养的培育，促进学生社会性健康发展和良好行为习惯的养成，使学生学会做人、学会做事，过有理想追求、有思想境界、有良好道德、有法治素养的生活。情感态度与价值观目标要求道德与法治课程的教学不仅要实现学生对知识的学习、认知水平的提高和能力的培养，更要重视对学生良好道德品质、性格和价值观的塑造和转变。

此外，课程目标中不仅有直接的、终结性的目标，如道德认知目标、知识目标、能力目标、行为目标，还有一些只能在学生学习过程中间接实现，并贯穿于各个活动之中的间接的、过程性的目标，如合作学习的能力、探究与思考能力、倾听和表达能力、收集和整理信息的能力、与他人有效沟通的能力、相互配合的能力等，它们既是学生完成学习任务不可缺少的，又是学生成长、适应社会所必须具备的，在教学中需二者兼顾，不能偏废。

在课程教学中，要把知识的学习、情感态度与价值观的培育和过程方法、行为能力的培养融为一体，既不能单纯、片面地强调知识的学习，也不能脱离知识能力的教学和过程方法的运用进行抽象的、空洞的情感态度与价值观教育。

（二）教学目标的设立

教学目标是教学活动的核心和灵魂，对教学活动起着导向、激励、调节和测评的作用，它支配着教学的全过程。它既是教学的价值定位，又是教学实施和评价的依据。教学目标不仅规定着"教"与"学"的方向，更关系到课堂教学效率问题，教学环节中设计的各项活动，都是为了落实教学目标。可见，教学目标的准确定位是有效教学的前提。

1. 设立教学目标的依据

教学目标的设立受课程标准的制约，要依据教材，根据学生实际和具体的教学条件确定以学生为本的教学目标，尽量做到近、小、实，切忌远、大、空。

（1）紧扣课程目标。课程目标是课程的价值导向和宗旨，是对教学活动整体性的要求，它集中了学科发展的现状和时代的需要，是把握每一课时教学目标的基础和前提。课程目标往往需要通过一系列教学活动才能实现，尤其是情感态度与价值观目标必须经过长期的熏陶、一以贯之的培养才能达成。因此，在设立教学目标前，教师须仔细研读课程标准，把握课程的性质、任务，理解课程理念，明确道德与法治课程的总目标，领会目标的内涵和特点。在整体把握课程目标的基础上，熟知课程目标对每一节课的目标规定，确定每节课的具体目标，处理好课程目标和具体教学目标之间的关系，把握教学的整体方向和核心价值。

（2）整体把握教材。教材是实施课程标准、实现教学目标的最基本的资源。道德与法治教材按主题组织材料，结合各年龄段学生不同的认知特征，形成具有学习梯度的内容层次和系列。教师应站在整套教材的高度俯瞰每册教材的具体要求，认真细读教材，厘清整套教材的教学目标序列，准确把握教材的内容和编排体系，了解教材的逻辑结构和呈现方式，理解单元与单元、单元与科目教材内容之间的关系，尊重教材的整体性、系统性和逻辑性，确定适当的教学目标。如，关于学习这一主题，在不同的年级会重复出现，但不同的年级有不同的要求，一年级强调学习习惯的培养，二年级强调学习方法的掌握，三年级强调对学习意义的认识，教师只有把握好教材在学生不同发展水平上所呈现的教学目的以及教学重难点，了然于心，才能做到教学有度，准确设立课堂教学目标。

（3）深入了解学生。教育是促进人的发展的活动。教学目标的设置必须考虑学生发展的需要，适于学生某一阶段的年龄实际、认知规律和接受能力。研究学生，充分考虑学生的认知基础和认知差异，了解学生的现实生活和实际关系，了解每个学生的生理、心理特点和个性化需要，了解其家庭和所在社区的状况，把握学生的个性特征、已有的认知水平，知道学生要经历怎样的过程才能实现情感的升华、知识的获取和能力的提高；掌握学生的年龄特征、行为表现以及实践能力，设立符合学生身心发展实际、可行的教学目标。

2. 教学目标的维度

教学目标依据课程目标而设立，是对课程目标的具体化，教学目标的内容和范围应与课程目标保持一致。根据课程目标的维度表述，教学目标也相应分为三个维度：情感态度与价值观、知识与技能、过程与方法。

（1）情感态度与价值观目标，是学生体验学习过程或结果后的倾向和感受，是对学习的主观经验，又叫体验性目标。它包括个体需要是否得到满足时的情感体验、学习和生活方面的态度、价值取向或看法等。中小学生价值观培养的最基本要求是认清什么是真善美，什么是假恶丑。情感态度与价值观目标可具体分为认同、体会、内化三个层次。

（2）知识与技能目标，是学生通过学习所能获得的学科知识和基本能力，是对学生学习结果的描述，又叫结果性目标。学懂、学会、能应用是这种目标在层次上的要求。

（3）过程与方法目标，是在教师指导下，学生获得知识与技能的过程和具体做法，包括让学生了解相关知识形成，掌握和获取相关知识的过程与方法；让学生了解知识的来源、规律、特点等，关注学习的过程、方式、手段、途径等，掌握相关的策略。如"通过自我体验……""通过阅读感悟……""通过四人小组互相交流的方式……""通过参与游戏……"等。显然，过程与方法目标是学习过程中的目标，所以，又叫程序性目标，其最显著的特征是亲身体验。关注过程与方法目标，由片面强调学习结果变为强调学习过程，关注学生在学习过程中的积极体验和对学习方法的掌握与内化，这要求教师不仅要强调学生知识的把握，关注学生能力的发展，更要聚焦学生对学习方法的主动探究，创设有利于学生体验和感受的学习过程。

设计三维目标要注重有机整合。三维课程目标不是三个独立的目标，而是一个问题的三个方面、三个维度，它们分别从不同侧面解析总体目标，是一个相互联系、相互渗透的统一整体。情感态度与价值观是核心，是课堂教学的"动力系统"；知识与技能是基础和载体，是课堂教学的"导航系统"；过程与方法是策略和途径，是课堂教学的"操作系统"；知识与技能须在学习过程中、科学方法指导下得到落实；在学习知识过程中，感悟方法，获得情感态度与价值观。在目标表述时，三个维度可以不分条列出，但要尽可能比较明确地体现出三维要求，以便教学过程中的落实和教学后的评价和检验。

3. 教学目标要素的表述要求

教学目标的表述应当是明确、具体的，可供观察和测量的，规范的课堂教学目标在表述上应该包含四个要素：行为主体、行为动词、行为条件和表现程度。对这四个要素进行表述时，要注意以下四点：

第一，行为主体要明确。教学目标指的是学生的学习结果，而不是教师在教学过程中做什么、怎么做。因此，教学目标中的行为主体是学生，判断教学有没有实效的直接依据是看学生有没有取得具体的进步。在设立教学目标时，必须以学生的学作为出发点，表述为"通过学习，学生……"，而表述为"使学生掌握……"的教学目标显然是不妥的。规范的教学目标应以"学生能……"开头，书面上可省略"学生"二字，但必须是隐含的。

第二，行为动词必须是可测量、可评价的。教学目标的表述应该避免使用模糊、笼统的行为动词，如了解、理解、掌握等，笼统的表述会使学生不知所云而形同虚设。应尽量使用说出、感受、回忆、解释、区分、归纳、比较等可以直接观察和测量的外显行为动词。用可测量、可评价的行为动词表述的教学目标才能更充分地发挥教学目标的调控和评价功能。

第三，行为条件须清晰界定。在描述教学目标时，需具体说明在何种条件下达到什么样的学习程度和结果。如，"利用网络……"是辅助手段的限制；"在 3 分钟内，能……"属于时间限制；"在小组讨论时，能……"属于课堂情境的限制。清晰界定的行为条件使教学目标有明确的指向性，能更好地规范教学行为。

第四，表现程度呈底线。表现程度呈底线是指学生经过学习之后发生的行为改变的最低表现水平，用来衡量学习表现或结果达到的程度。如"在自己的家庭生活中，列举至少三种父母与子女经常发生的冲突类型"的教学目标描述中的"在自己的家庭生活中"，是行为条件；"至少三种"，则指出了学生行为的表现程度。

教学目标是教学设计的"方向标"，在解读教材、设计教学的时候，应在把握好整个课程目标的基础上，结合学生的实际情况来设置教学目标。每节课的教学目标应尽可能根据本校和本班学生的实际情况设计，符合认知的阶段性和学生的可接受性，做到清晰、明确、具体、可操作，避免大而空，不能把课时目标与课程目标混为一谈。只有目标定位准确了，每个教学环节的阶段目标才会清晰、明朗，才能增强教学的实效性。

当然，在教学实施过程中，教学目标也不能一成不变。教师在组织教学活动时，要留意每个学生在活动中的表现，关注教学过程中生成的问题，根据教学的进展和学生的实际状况调整目标。教学活动结束后，教师还应结合学生的反馈和作业完成情况检验目标的达成情况，深入反思以便改进和完善教学。

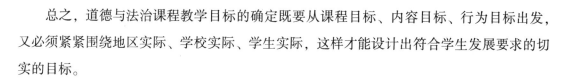

总之，道德与法治课程教学目标的确定既要从课程目标、内容目标、行为目标出发，又必须紧紧围绕地区实际、学校实际、学生实际，这样才能设计出符合学生发展要求的切实的目标。

第三节　中小学道德与法治教学的原则

教学原则是依据教育教学目的，遵循教学规律而制定的指导教学工作的基本原理。从长期的教学实践中总结出来的教学原则，是对教学过程的基本要求。这些要求贯穿于教学过程的方方面面和各个环节，使教师有效开展教学活动，组织教学内容、选取教学方法和教学手段、设计教学组织形式，成功实现教学目标必须遵守的准则。教学原则以学生发展为根本方向，反映了人们对教学活动特点和规律的认识。它的正确和灵活运用，是提高教学质量的重要保证。

一、中小学教学原则及其确立的依据

（一）中小学教学原则

1. 启发性原则

启发性原则是指在教学过程中突出学生的主体地位，引导他们独立思考、主动参与、积极探索，注意调动学生学习的主动性、积极性和创造性，提高其具体分析和解决问题的能力。启发性原则突出强调了"先学后教""学为主体""以学论教"这一宗旨。在教学中，发扬教学民主，创设问题情境，充分调动学生学习的主动性，让学生积极参与、动手动脑，启发学生独立思考、自主建构，在学生遇到困难时，再予以帮助，因势利导，培养和发展学生的逻辑思维能力和独立分析、解决问题的能力。

2. 直观性原则

直观性原则是指在教学活动中，基于中小学生的认知特征和思维特点，教师运用多样的直观教具演示同教师语言的形象描述、讲解相结合，充分调动学生的多种感官和已有的经验，通过各种形式的直观感知和体验，引导学生形成清晰的表象，获得形象生动的感性认知，以便正确理解和系统掌握所学知识。直观性原则是革新课堂教学的主要的原则，教学应从个别到一般，从具体到抽象，要从直观出发，不仅可运用实物、模型、图画进行教学，更特别强调了学生的实践、经历与经验，让学生亲眼看到、直接认识、亲自体验。

3. 因材施教原则

因材施教原则是指教师在教学中，面向全体学生，依据课程标准对教学做出统一要求的同时，结合学生的个体差异和实际情况，有针对性地进行个性化、有区别的教学，使每个学生都能扬长补短，在原有基础上获得最佳发展。在教学中，应重视学生不同的年龄特征、知识经验、学习能力、思维方式和具体的行为表现，根据每个学生发展的个性特点，选择多样化的教学内容和方法，提出不同层次的要求，改变教学进度，有针对性地进行教学，满足不同学生的需要。该原则体现了以生为本的教育思想，是对教育公平的践行。

4. 科学性与教育性相结合的原则

科学性与教育性相结合的原则，是指既要把课程的基础知识和基本技能传授给学生，使学生形成严谨的科学态度，又要结合课程内在的德育因素，对学生进行思想政治教育和道德品质教育，使知识教学与思想教育有机统一，是对"课程思政"要求的充分体现和贯彻落实。教学实施过程中，教师在确保教学科学性的同时，充分发掘教学内容、教学情境和过程生成中蕴含的教育性因素，以科学文化知识的传授为基础，以培养具有良好的思想道德素质、全面发展的人为最终目的，完成教书育人这一光荣使命。

（二）教学原则确立的依据

1. 依据教学规律

教学规律是教学发展过程中本质的、必然的、稳定的联系，它客观存在并支配着教学活动。教师在设计、组织、实施教学活动时，须自觉认识和尊重教学的客观规律。中小学教学规律与传授知识和思想道德教育相统一，间接经验与直接经验相结合，掌握知识和发展智力相统一，教师主导作用与学生主体作用相统一。教学原则的确立都是建立在人们对教学规律深入认识的基础上的。只有认识、把握和遵循这些规律，才能处理好教学中的各种矛盾关系，使教学达到预期的目的，获得成功。教学原则反映教学规律，但需要注意的是，教学规律与教学原则不是一一对应的关系，根据一条教学规律可以提出多条教学原则。

2. 依据教育目的

教学活动要为一定社会培养人的总目标服务，确立教学原则除了认识和把握教学规律外，还应符合一定社会的教育方针和教育目的的要求。教学原则只有与国家的教育目的相一致，才可能指导好教学工作。我国的教育方针是坚持教育为社会主义现代化建设服务、为人民服务,把立德树人作为教育的根本任务,全面实施素质教育,培养德智体美劳全面发展的社会主义建设者和接班人,努力办好人民满意的教育,其中明确规定了我国的教育目的是培养德智体美劳全面发展的社会主义建设者和接班人,为了达到这一目的,各级各类学校教学都应贯彻和坚持科学性与教育性相结合的原则,育人先育德,把思想道德教育融入各课程的教学中,落实立德树人这一教育的根本任务。

3. 依据受教育者身心发展的规律

学生是教学活动的主体,只有契合学生身心发展规律和年龄特征的教学活动才可能得到学生的欢迎和认可。中小学生的思维发展是由具体形象思维向抽象逻辑思维过渡,但他们的抽象逻辑思维在很大程度上仍具有具体形象性;在学习过程中,他们既可以直接感知客观事物,也可以通过亲身实践获得感性体验;中小学生的个体发展都会经历某些基本的共同阶段,但在发展速度、发展的优势领域方面及最终能达到的水平上往往因人而异,具有个体差异。针对中小学生的认知水平和个性特点而确立的直观性原则和因材施教原则显然符合受教育者身心发展的规律。只有依据学生的身心发展的规律和个性特征确立的教学原则,才可能使教学活动达到培养人的目的。

二、中小学道德与法治课程教学原则

道德与法治课程以学生良好品德形成为核心,以促进学生社会性发展为重点。培养身心健康、适应社会发展的人是本课程教学的根本任务。把教学原则与本课程特点相结合,以人为本,从育人的高度设计每一节课,根据学生的年龄特点和认知发展规律确定和选择教学内容、教学方式和教学活动,做到以学定教,提高课程教学的针对性和亲和力,实现"立德树人"的根本任务,提高德育的实效性。在教学过程中,应遵循以下具体原则。

(一) 生活性原则

生活性原则是指教学要以学生的现实生活为载体,创设生活化的学习情境,关注学生的生活体验,使教学内容和方法回归生活实际,在学生逐渐扩展的生活经验基础上,为学生创设认识和解决现实问题的广阔空间,促进学生健康发展,实现理从生活来、行归生活去的教育目的。

品德与生活(社会)课程标准中,将"生活性"的描述为:本课程遵循学生生活的逻辑,以学生的现实生活为课程内容的主要源泉,以密切联系学生生活的主题活动或游戏为载体,以正确的价值观引导学生在生活中发展,在发展中生活。可见,道德与法治作为一门建立在学生生活基础上的课程,课堂教学应以学生的现实生活为主要源泉,密切联系学生生活经验，以学生生活体验和现实问题为切入点，唤起学生对生活的回忆，循序渐进，科学设计教学内容，指导学生的生活行为，增强教学的吸引力和感染力。

学生的生活是最真实、丰富、有益的学习资源。品德与生活是统一的。学生品德的形成源自他们对生活的体验、认知、感悟和升华。在生活中学生经历了许多品德事件，形成了各种日常品德认知，感受过各种品德评价带来的情感体验。当品德知识进入学生的意识，学生往往会从已知的体验中找出与之匹配的事件、观念和情感。如果匹配成功，就被学生理解、接受；反之，将被抵触和排斥。教育只有和学生的体验实现对接，才能让学生感受到教育不是一种外来的强迫，而是一种自身的需要，促使学生对品德教育的认同和屈从，实现品德由内而外的自主建构。可见，教学能否激活学生的经验，是知识实现顺利同化的关键。

对学生来说，只有与他们的真实生活有密切联系的学习，才是最有意义的。脱离了现实生活，道德只能成为抽象的原则和僵死的教条。因此，道德与法治教学要重视生活对于学生的意义，关注学生当下的生活意义和价值。教师需要了解学生对生活的感受，掌握他们已有的生活经验，选取学生生活中真实可信的生动事例，贴近学生的生活，反映学生的需要，使课堂充满学生的生活气息，让学生从自己的生活出发，用自己的眼睛观察社会，用自己的心灵感受世界。通过参加与自身生活有关的，看得见、摸得着的教学活动来引发学生内心深处的、非表面的道德情感，以及真实的、非虚假的道德认识和体验，使学生领悟到在实际生活中应该怎么做，把在课堂里接受的教化转化为生活中的实际行动。

生活性原则要求道德与法治课程教学必须贴近学生生活，从学生成长实际和生活需要出发，有针对性地组织教学资源，设计教学活动，选择教学方式，创设生活化情境，开展生活化活动。

教学前，教师应聚焦学生的现实生活，详细了解学生的家庭状况和生活环境，了解学生已有的经验，抓住他们所焦虑、所关注的问题。

在具体的教学过程中，应避免脱离学生生活实际的说教式教学。道德与法治课堂不应仅仅注重品德观念的灌输和品德知识的传授，而应将其融入学生的生活世界。同时，需要考虑到不同学生的认知差异，根据他们已有的经验来设计教学内容。每个学习活动都不应以抽象的形式呈现，而应借助适当的"生活事件"来创造情境。例如，设计一项让学生体会父母养育儿女艰辛的教学活动时，可以从学生的真实生活中挖掘出一些具有代表性的、发生在学生身边的"生活事件"，通过照片、视频、故事等形式来呈现。这样一来，父母对子女的爱就能变得鲜活、生动，激发学生对父母养育、照顾自己点滴经历的回忆。只有设计以学生为主角的"生活事件"教学活动，才能唤起学生真实的情感和对参与活动、探究互动的渴望，从而激发学生的学习积极性。

此外，需要注意的是，道德与法治教学不能仅仅停留在认知和情感层面，还应在立足学生生活的基础上，注重反思生活，超越生活，给予生活智慧的指导，这样才能真正对生活产生影响。教学内容选择上必须满足学生的需要并能为他们所理解和接受，有助于解决他们的困惑和问题。

有意义的生活是学习道德的最佳途径，脱离了学生生活实际的品德教学只能使学生习得抽象化的品德条文；脱离了生活的品德培养，也就只能流于形式而毫无实效。为此，要使学生通过教材、教学所学得的一切能回到他们自己的生活中去，用以解决他们生活中的问题，改变他们的生活方式，提升他们对生活的认识、态度、价值观，等等。唯有在实实在在的生活中，对学生生活真实情景的再现、提炼和升华，通过师生、生生的互动，引导学生进行体验，触动学生的心灵，激发学生的道德情感，将道德情感和道德认知联系起来，形成相应的道德行为，才能提高课堂教学的生动性、参与度和实效性。

（二）综合性原则

道德与法治是一门综合性的课程，教学内容来自不同学科、领域，课程将思想品德、行为习惯和法治教育，国情、历史和文化教育，地理和自然、环境教育，生命与安全教育等有机融合；课程还把社会环境、社会生活、社会关系这几个主要因素融入个人、家庭、学校、社会、国家、世界六个领域中，综合交叉。针对本课程特点，在教学中应遵循综合性原则。

学生的生活是一个多样、综合的统一体，教学呈现给学生的世界当然要尽量是学生所看、所闻、所感的世界，而不应是按照成人的思维方式分割的、学科化的世界。因此，教学内容应努力实现相关学科（道德、法治、社会、文化、历史、地理、政治、心理健康等）和相关领域（个人、家庭、学校、社会、国家、世界）的整合与融合。但要注意的是，它不是多种学科和领域的简单叠加，而是以学生的生活为基础，打破原有的学科知识体系，围绕学生生活范围，螺旋上升，重新建构的新的综合内容体系。

道德与法治是一门德育课程。中国的大德育概念不仅指道德教育，还包括思想教育、礼仪教育、心理教育、法律教育等。如，就购物这一生活事件，会涉及科学教育、道德教育、法治教育和心理教育等内容。因此，道德与法治教学应以生活为逻辑整合各种教育内容，使学生通过综合性教学内容的学习来还原完整的生活，而不是割裂的、片面的知识或规范；教学活动应体现学生生活经验、知识学习与社会参与的融合，学生通过学习，学到的不仅仅是品德或其他方面的知识，而是一种生活的智慧，形成较完整的人格。

除了内容的综合性，道德与法治课程还具有多元的课程价值和目标，关注学生全面、和谐的发展，强调知与行的统一。教学目的绝非仅仅是知识的获得、间接经验的掌握，其主导价值在于促进学生国民素养培育和社会性的健康发展。因此，在具体的课堂教学中，其教学内容的选择、活动的设计都不同于法律课、地理课、历史课和社会常识课，而应突出其德育功能，在不偏离品德教育这条主线的基调上，实现三维目标的有机统一。

道德与法治课程教学不追求思想品德教学科目或道德规范知识的严密体系，而应以学生的经验为起点，从学生生活出发，在对学生进行生活教育的同时自然而然地融入品德教育、法治教育，引导学生过有理想追求、有良好道德和法治素养的生活，将个人的成长融入家国情感和对社会的责任担当之中。

（三）活动性原则

活动性原则是指课堂教学以丰富多彩的活动为主要形式，让学生在教师的引导下，积极参与各种有意义的真实的活动以培养其道德情感，形成正确的价值判断和良好的行为习惯。

道德与法治是一门活动型的课程，课程标准强调品德课应以学生直接参与的丰富多彩的活动为主要教学形式，强调寓教育于活动之中。可见，教学目标需要通过教师指导学生直接参与的主题活动、游戏和其他实践活动来实现。教学过程不能是单一书本知识的传递和接受，而应把活动作为教与学的基本形式，使活动成为教师教与学生学的中介，成为实现教学目标的有效载体。

热衷活动是学生的天性，学生在教师指导下直接、主动参与各种游戏、活动，既遵循了课程的要求，又强调了学生身心发展的特点，将课程特点和学生需求有机结合起来，使学生在活动参与中实现感知、体验和构建，显然是适合学生的教学原则。

在学生的精神世界里，这种需求更加强烈。学生有动脑思考、表达自己内心想法的强烈内驱力，而让这种内驱力释放并起作用，需要教师创设具体的情境，设计多样的活动过程，引导学生主动参与、自主活动，以探索、调查、讨论、游戏、制作等形式，让学生在活动中去看、去听，去发现、去探究，激发学生的思维，升华情感，形成内化的道德品质。

对于学生来说，听到的容易忘记，看到的印象不深，只有亲身经历实践和体验的才会印象深刻，终生难忘。品德的形成与学生对生活的体验、认识和感悟紧密相连，教师的讲解不可能代替学生的主观感受，每个人的情感态度与价值观选择，都是在个人成长实践过程中，通过自己模仿、尝试和践行逐步习得的。道德与法治课堂显然需要改变那种直接或间接呈现道德知识和道德结论的传统做法，应从学生成长中所遇到的种种道德问题出发，用情境或活动来呈现道德，设计一个个有感觉、能触摸的话题和活动，使道德从真实的社会生活中呈现出来，创设有利于学生尝试选择和参与体验的机会，激发他们学习道德的愿望，让学生在积极参与的实践活动中体验、感受和辨析，在体验中认识社会生活，在参与中发展自我，实现道德情感的依从、认同和内化，使学习从认知扩展到情感、心理和人格等领域，帮助学生完成自主"习德"，在实现知识增长的同时，更促进了学生身心和人格的健全与发展。

基于此，教学活动的设计，首先要保证活动的主题和内容是适合学生的，是他们能够理解的，能够唤醒他们已有的经验，实现学生已有经验的利用、丰富和提升，使原有的道德生活经验进入学生的学习过程，作为他们自主学习、自主探索的资源存在，激发他们自己去探索、悟出结论，激励他们去追求更好的生活和更好的自我。一切教学活动都应以学生为基点，从学生的视角出发，摸准学生内心的困惑和认识的难点，做出契合学生认知水平的安排。只有这样，才能使教学活动的难易度恰当，使活动真正成为学生的"内需"。然后，采用学生喜欢的、生动活泼的方式，使学生用观察、采访、调查、实验、探索、讨论、游戏等多种形式去体验生活，帮助他们认识和解决现实生活中的问题，使学习的过程成为道德成长的有效过程。

在活动中，教师应尊重和按照学生的认识、情感、兴趣、经验和需要，及时给予解答和关怀，引导学生增进认识、稳定情绪、端正行为、改善关系、树立信心、积极进取，使学生积极、主动地进行求知和做人的探究活动。学生在活动参与中，会下意识地将以往生活中自己或他人的不文明行为裹挟进来，进行反思，以思导行，进而规范自己的行为。教师的作用主要体现在创造活动的条件和机会，与学生共同活动来支持、引导学生学习，使学生通过动手动脑、参加活动，而非被动听讲来学习。

教学活动在形式上可根据具体的教学目标、内容、资源、硬件条件、学生情况的不同，选择不同的活动类型。一节课的教学可以是一个或几个活动，采用个体、小组、集体等多种活动形式，让全班每一个学生都动起来，不使一个学生游离于活动之外；活动参与过程中不是被动、被迫的，而是积极、主动地参与；不是个别学生的参与，而是全体学生的参与；不是暂时的、表面的参与，而是全身心、自始至终的参与。通过玩、唱、画、演、做等多种活动手段开展教学，尊重和发展学生的主体意识和能动精神，真正让学生成为学习的主人。

（四）开放性原则

开放性原则是指教学以学生的现实生活为依托，拓展课程的教育空间，展现课程的开放性特征，使课堂教学面向学生的整个生活世界。

道德与法治课程的教学时空不局限于课堂和学校，教师应将本课程的教学与相关学科以及班队活动、学校德育活动、社区活动、社会重大事件等紧密结合，从中捕捉、挖掘鲜活的素材，调动学生在课外学习和活动中获得的知识和经验，充实课程的教学过程。同时将课内学习延伸至其他学科的学习或校内外其他活动中，提高教学的实效性。时代是不断变化的，与之相应的价值观念和道德标准也随之在不断地发生变化。教师应关注社会和时代的发展与变化，以开放的思维与视野进行教学设计，重视教学与学生的生活实际相结合，充分利用一切可以利用和挖掘的资源，使教学具有强烈的时代感和针对性，真正实现课堂教学的实效性。

1. 教学内容的开放

所有源于教材或生活实际的，学生感兴趣、对学生有意义的题材，教师都可以拿来运用于教学中。根据教学的需要，教师可对教学素材进行灵活选择、开发和整合，而不能仅仅固守着给定的教材。一般教材都只能从普遍性的经验出发进行设计，不可能兼顾到每一个学生独有的生活经验。为了解决这一问题，在道德与法治教材中，每一个环节都为个性学生经验的融入留有入口，教学时可充分利用好教材中的留白、主持人问题和省略号的设计，有意识地捕捉和获取学生现实生活的相关现象、困惑和问题，以此为契机，引导学生关注自己生活中遇到的真实、个性化的问题。因此，在教学中如果一个学习活动是以范例作为引子，那么在这个范例后面，一定要留有让学生结合自身经验的时间和空间，培养学生自主、合作、探究的学习方式。

2. 教学渠道和学习空间的开放

道德与法治课程具有很强的实践性，强调生活体验和社会实践，教学活动不只限于课堂内四十分钟，还应延伸到课外，从课堂学习拓展到学生的学校、家庭和社会生活。道德培育不可能仅仅依靠课堂内的教育，更重要的在于有针对性地引导学生去践行，指导学生将课堂所学运用到自己的现实生活中，规范自己的言行举止，改变自己的生活方式，解决实际生活中的问题。

例如，课前调查、回家做一做、走进大自然、班级竞赛、社会实践等，实现课堂内外、学校内外学习的有机统一。教师可根据教学内容、教学方式的实际需要，灵活地选择教育渠道，实现教育效果的最佳化。通过课前小调查中学生的参与，拉近了教学内容与学生的距离，学生获得直观、感性的认识，从而以主人翁的身份为活动的开展奠定了认知和情感基础。

3. 教学评价的开放

德育的教学评价不能仅仅关注学生每堂课的学习结果，而应更重视学习的过程表现和日常行为习惯的养成。良好的行为习惯不可能一朝一夕养成，在养成习惯的过程中，还往往会出现反复。这时，教师日常的督促和提醒就显得非常重要了。通过持续常态的督促检查，学生在生活中养成良好的习惯。如采取学生行为习惯生活记录与反馈的形式，开展每周一小评，利用表格的方式，要求学生就自己每周的某一方面行为作出总结，如果表现一般，就在表格中涂上黄色，如果表现出色，就在表格中涂上红色；随后在全班进行每月评比，选出班级之星并给予表彰，使课堂学习所获得的认知能够真正影响学生的行为，优化学生的生活。

4. 教学资源的开放

教师可充分挖掘社会、学校及家庭中的资源。家长和社会人士是可开发的课程人力资源，他们的人际交往、职业背景、社会阅历能使课堂变得鲜活、形象、有温度；校内外的各种活动和环境是可利用的课程环境资源，升旗仪式、班队活动、运动会、假期出游、节日庆祝等活动能使教学变得生动、具体、有广度；各种国内外、地区新闻和社会热点是可利用的课程内容资源，使课堂变得合时宜、顺形势，实现教学从师生活动向家长、社会各界人士共同参与的活动转变，提高品德教学的亲和力和针对性。

只有把课堂教育与课外养成相结合，课内活动与课前调查、课后践行相结合，教材的引领与发挥家庭、社会的作用相结合，让学生在搜集、观察、调查、比较、讨论、游戏中获得的与自己成长相关的信息、资源、经验充分整合到教学活动中，才能使学生多角度、全过程地在自我体验、感悟和实践中享受道德生成的快乐。

第四节　中小学道德与法治教学的方法

一、中小学道德与法治案例教学法

案例教学法，简言之就是在教学的过程中，通过讲解一些典型的案例，使得学生产生情感共鸣。这个教学方法在小学道德与法治课程的教育中是十分有效的，教师在讲解的过程中使用一些典型的案例，尤其是在讲解一些有关法治和安全的知识时，通过让学生观看或者聆听一些反面案例，有利于让对于法治和道德教育深入人心，让学生能够产生足够的情感共鸣，以此提升自身的道德修养和法治意识，促进自身全面发展。

（一）案例教学法的实施环节

1. 案例编选

案例编选（选择）就是对课堂中要使用的案例进行筛选，精益求精。高质量案例包含一个难题、与案例密切关联的理论、能引发冲突、包含足够的信息以及具有多元的问题解决方案五大因素。案例的选择要符合新时代对中小学生的德育新要求，符合中小学生思想政治教育目标。生活化、典型化、本土化，联系真实生活情境，才能引起学生的强烈反响，设身处地进行道德判断与道德选择，从而利于思考和交流。

2. 案例讨论

案例讨论（实施）是案例教学法的关键环节，是将准备阶段已经筛选过的案例，以文本、视频、图片、音频、剧本、角色扮演、参观访问、实地调研等多样化方式呈现出来，并通过明确的问题提供给学生先独立思考再小组合作深入研讨。在讨论过程中，中小学道德与法治课程教师要调动学生的积极性和主动性，关注学生参与度，鼓励学生人人参与，使课堂活动生动活泼。同时也要注意把握课堂时间，维持好课堂秩序，关注学生讨论的主题方向，积极引导学生回归课堂，但不用过多干涉，要给予学生充分的思想自由空间。

案例讨论的基本步骤是：第一步，先由学生通读案例，熟知内容，根据已有经验独立思考；第二步，课前分好小组，由小组长临时组织以保障讨论的有序性，教师随时予以指导，组内可以展开面对面的交谈，轮流发言，以使同学们的思维充分碰撞，保证公平性；第三步，在案例讨论结束后，可由小组长或组内成员代表发言，提出假设方案，在全班分享，集中研讨。最后由教师点评补充。

3. 案例分析

案例分析（评价）既是对案例教学实施过程的全面总结与反思，也是后续课堂教学的起点和基础，是对中小学道德与法治课堂中讨论过的案例进行整理归纳，以深化学生对课堂内容的认识。教师分析点评学生的思路后，对相关学科知识进行答疑解惑，在考虑学生学习能力的基础上，可以尝试指导学生撰写简易的案例分析报告。这一过程既可以通过听取其他小组同学的合理性构思，完善对案例涉及知识点的认知，又能回顾优势与缺憾，提高下次研讨的效率和质量。案例评价要采用多维度的方式，不仅参考学生学业水平测试结果，也要参考过程性评价。

4. 案例总结

案例总结（反思）是中小学道德与法治课堂运用案例教学法的最后一步，要求中小学道德与法治课程教师在使用案例教学法后认真总结经验教训。教师要勤于思考，善于总结，才能提高自身专业素质，提升教学质量。每堂课后，都要对案例教学法的实施进行全过程反思：案例的内容和问题的设置是否合理，是否贴近学生的认知水平，是否有利于课堂教学；案例讨论是否充分，时间把控和场面把控是否得当；案例的分析和点评是否直击要点，引发学生共鸣；下一次在课堂中运用案例教学法要注意哪些事项，还有哪些环节未能成功演示，学生是否积极参与讨论分享，是否流于活跃的表象未能抓住课堂的实质等。

（二）案例教学法的运用对策

1. 尊重学生身心发展规律，合理筛选案例资源

案例教学是一种新型的民主式、参与式和互动式的教学方法，对教师的课堂掌控能力提出较高要求。教师在组织案例教学时，必须做好案例教学准备工作，认真备课，精心选择或设计课堂所需案例。

一方面，教师要遵循学生成长成才的特点，选取符合学生认知规律、满足学科教学目的、具有时代鲜明特色的案例。教师要了解和掌握青少年的身心发展规律，选择贴合学生日常生活的案例，引起学生的兴趣和自我认知冲突，从而循序渐进地施加教育影响。案例的选择也要从教材和教学目的出发。教师要明确使用案例的目的是启发学生对案例进行独立思考，帮助学生理解知识，形成正确的价值判断，从而提高生活技能，更好地适应社会。

另一方面，教师要充分利用好思政课案例资源，根据课堂需要确定适当的案例内容和数量。教师要事先明晰案例和举例子的区别，澄明案例教学和范例教学的区分，才能把握案例的实质，真正选择案例来进行思政课案例教学。在把握了案例教学的基本理念后，教师要根据课堂章节知识和教学需求，自主决定使用"一案到底"还是"多案并举"。无论采用何种方式，都要深入挖掘案例，以免使学生对案例教学产生疲惫厌倦心理。

2. 选择案例呈现方式，提高案例教学效率

案例呈现方式多种多样，关键是如何巧妙地利用相关载体将具体案例融入教学过程当中，真正使中小学道德与法治课堂教学"活"起来。

一方面，教师要根据案例教学法的基本操作规范，提前向学生呈现案例文本，交由学生查询资料，为课堂教学做准备。中小学道德与法治课程中有很多"探究与分享"环节和"拓展空间"环节，这些环节的背景素材和问题设置都可以作为案例资源。教师要善于在课前给学生布置基于课本的案例背景资料搜集任务，调动学生的积极性，培养小组团队合

作意识，激发学生的潜能。如果学生不提前了解案例的背景资料，那么在课堂中就可能因为对案例生疏而无法有效解决问题，从而导致学习效率下降。

另一方面，教师可以选择新颖独特的方式呈现案例。网络中的主旋律短视频不仅具有很强的观赏性，在内容上教师也可以找到和教材内容相关联的点，能够发挥隐性思想政治教育的作用。但过于频繁使用图片、文字、声音、视频的方式，会导致学生对案例产生审美疲劳，也会导致学生始终以"局外人"的身份看待案例中的问题，而无法从根本上探寻解决措施。因此，教师要根据教学需求积极寻找多种案例呈现形式，比如：学生角色扮演小情景剧；辩论赛；模拟法庭、联合国会议以及外交部发言例会；为案例动画配音；教师协助学生录制简易主旋律小视频；课堂小游戏；实地研学调研等。

3. 加强学校对案例教学效果的评价

一方面，学校的整体发展趋势与教学成绩紧密相连，把课程成绩作为评价中小学道德与法治课程运用案例教学法成效的衡量标准不可或缺，但要将平时成绩与每一学期末的成绩综合起来。学生的考试成绩是思政课案例教学效果最直观的呈现，通过成绩可以一定程度上帮助中小学道德与法治课程教师思考并不断改进案例教学，但考试成绩不是衡量案例教学效果的唯一指标。

另一方面，中小学道德与法治课堂运用案例教学法需要专业的评价准则。在案例教学准备阶段，要评价教师制定的案例教学目标是否合理。中小学道德与法治课堂运用案例教学法的目标评价可以参照美国教育学家布鲁姆的教育目标分类，即：认知领域、情感领域和动作技能领域目标，并将这三大领域的具体层次结合案例教学实际情况用评价表的形式制定出来。在案例教学实施阶段，要评价案例教学流程是否完整，内容是否恰当。教师选择的案例与课堂教学理论和学生生活经验的相关度、教师对案例教学课堂的把控度、学生对教师采用案例教学法的适应性等都可以看作案例教学评价指标。在案例教学完成阶段，要评价教师对案例教学的课后反思是否到位。合格的案例反思可以找到案例教学存在的问题，提升案例教学的质量。

二、中小学道德与法治情感体验式教学法

（一）情感体验式教学法的解读

情感体验是指个体在学习和生活中对于外界事物的主观感受，包括情感反应、情绪体验和价值观体验等多个方面。它是个体与外界互动和交流的重要途径，主要由认知、情绪和行为三个子系统构成。认知和情绪都是人类感知和理解事物的方式，但是它们有着不同

的特点和作用。认知是基于人所掌握的知识储备和经验，对外界事物进行客观分析、归纳、推理和判断的过程，是一种理性思维的体现。情绪是人在面对事物时所表现出的情感体验和心理状态，可以是积极的、愉悦的，也可以是消极的、痛苦的，是一种主观感受的体现。认知和情绪在一定程度上决定了人类的行为。人的行为不仅是基于理性思考和判断，也受到情感和心理状态的影响，所以在形成自己的价值观和做出选择时，既需要理性思考，也需要考虑自身的情感因素。

积极的情感体验能够对个体的动机和意志产生积极的影响并维持其动力。一个完整的教育过程是由情感体验与逻辑认知构成的，在一定的条件之下，它们构成相辅相成的且发挥着整体的功能。

情感体验式教学法通过设置一定的可以刺激学生的情绪控制系统的教学情境，激活学生听课的内驱力，提高学生对于课堂教学内容的关注度和接受度，增强课堂实效性的教学方法。与传统的体验式学习相比，情感体验教学法更加强调学生在课堂上的主体地位和学生的真情实感，它对于创设情境也提出了更高的要求，需要结合学生的认知特点和具体情况。学生产生情感体验的过程中能产生积极、愉悦、兴奋等良好的情绪，帮助学生更好地处理生活的挑战和学习上压力，提高学习效率和学习成绩。情感体验式教学法强调以积极心理学为基础，根据学生特定的身心发展规律，发挥积极情感对学生的影响，促进学生将情感转化到行动和实践，即将道德情感融入自己的行为和生活中去。

（二）情感体验式教学法的特征

1. 体验性

情感体验式教学强调学生在这个过程中的"感同身受""情感"体现并不仅仅强调教育对象的亲历或亲身参与，而更为强调在亲身参与的过程中个人内心的真实感受。把"思政课"教"活"的关键就是要在创设出让课堂变得生动有趣，让学生在其中沉浸、享受、深度参与的情境。所处的环境不同，人们产生的情感体验也会不同。为了让学生能够愉快地学习，教师需要根据学生的年龄特点和喜好，创设符合学生需求的情境来激发学生的学习热情。情感体验式教学法则是通过创造让学生感受所学内容的情境，来激发学生的学习兴趣和提高学习效果。

2. 内在驱动性

内在驱动力来自学生自身的兴趣、需求和动机，而非外在的强制或指令，情感体验式教学的重点在于通过帮助学生亲身参与、体验学习内容来促进学习。这种教学方式强调学习过程中的体验和情感反应，鼓励学生在探究和解决问题的过程中，通过自己的亲身体验来获取知识和技能。当学生通过参与情感体验式教学活动获得积极的情感体验时，他们通常会更加投入学习，自我激励，愿意探究问题，主动参与课堂讨论和活动，从而进一步提升其学习效果和成就感。情感体验式教学可以激发学生的内在驱动力，促进学生的发展。在情感体验式教学中，学生可以通过创造性、实践性和体验性的活动来探索学习内容。这种学习方式不仅能够提高学生的学习兴趣，还能够帮助学生建立积极的情感体验，培养学生的创新思维。可见，情感体验式教学有助于学生发展出更高层次的认知和思维能力，提升他们的自我意识和自我控制能力。

3. 互动性

情感体验式教学是师生互动的教与学，需要双方的相互理解、沟通与交流。一个人的发展取决于和他直接或间接进行交往的其他一切人的发展。既需要教育者有针对性地开展教育工作，又需要学生积极参与和接受教育。只有两者共同协作，才能实现道德与法治教育的目标，使学生真正掌握道德和法治知识，形成正确的价值观和行为规范。在情感与理性的互动中，教育者和教育对象相互理解与接纳，共同经历新的观点交融与视野整合，实现自我蜕变与升华，从而促进教育效果的达成，并帮助教育者实现自我认识的提升。

在教育教学过程中，师生之间应该通过双向的沟通和互动来交流情感，这种互动可以是口头的、文字的或行动的，可以是教师主导或学生主导，目的是建立良好的师生关系，促进教学质量的提高。情感体验式教学是一种需要在个体之间积极互动才能充分发挥作用的教学方法。也就是说，任课教师授课时必须有效在教学过程中与学生达到情感共鸣。情感体验式教学还能够帮助学生建立良好的情感关系和人际关系，提高学生的综合素质和社交能力。因此，教师需要在课堂中巧妙设计多样化的互动程序，灵活创造"师生""生生"之间进行积极的情感交流，更高效地完成教学目标。

4. 导向性

中小学道德与法治课的"情感体验式"教学过程中，学生主动探索和亲身体验，有助于他们产生积极情感体验。教师的高尚品格和积极品质是学生学习的最佳示范，教师应该以身作则，通过言传身教的方式影响和感染学生，成为学生学习的榜样。学生的积极反馈可以进一步强化教师的积极品质和高尚人格，增强教师的职业成就感，同时也有助于师生之间的情感交流和沟通。

5. 感染性

中小学生的情感很容易受到人为和环境的影响，正是因为情感体验的感染功能就像物理里面的"感应"现象，当人察觉到他人产生的某种情感时，他会对此产生共鸣和理解，从而产生相应的情感体验。情感的感染力可以使学生更加投入，更愿意接受所讲授的内容，同时也能晦涩难懂的理论知识和抽象概念变得更好理解。情感体验式教学法的感染性，不仅为以情育情开辟了一条通道，而且对调节学生情绪、情感具有现实意义。

（三）情感体验式教学法的应用策略

1. 重视情感需求，促进情感生成

道德与法治课教学中，教师要更新教学理念，要重视学生的情感需求在学习过程中的作用。学生获取积极情感体验对于教育双方之间的心理互动以及认知内容具有非常重要的影响。如果学生在道德与法治学习过程中体验到积极的情感，会更加愿意参与到学习中来，更加主动地思考问题，更容易接受新的知识和技能。此外，积极情感还可以增强学生与教师之间的心理顺应感，促进师生之间更加良好的关系。

在道德与法治课程中，核心素养如同人们生产和生活中不可或缺的盐，需要方法和技巧才能帮助"盐分"的摄入。在道德与法治在教学中，教师需要通过情感体验来"溶解"知识内容，使其更易被学生吸收和理解。比如，通过实例演示、案例分析、角色扮演等方式，让学生更加深入地理解道德与法治的概念。教师应该在教学过程中创造积极的情感氛围，用情感来打动学生，促进学生与教师之间的心理共鸣和情理交融。比如，教师可以通过温暖的目光、鼓励的话语、认真倾听等方式来表达对学生的关心和支持，增强学生对教师的信任和尊重。同时，教师还可以在教学中注重情感的表达和传递，让学生在情感体验中获得道德认知。

2. 加强情感学习，提升情感素养

教师需要加强情感理论学习和提升情感素养，在中小学道德与法治课堂中以情感人、以情育人。情感是人类行为的重要组成部分，因此，教师可以通过多种途径掌握基本的情感理论知识。首先，教师可以阅读相关心理学、教育学、社会学等领域的书籍和文献，了解情感理论和研究成果，深入理解情感教育的重要性和方法；其次，教师可以参加情感教育相关的专业培训和研讨会，听取专家学者的讲解和经验分享，了解最新的情感教育理论和实践经验。再次，教师还可以观察和借鉴其他教师的情感体验式教学的实践经验，了解他们在课堂教学中的情感体验式教学方法和策略，借鉴其中的优点并加以运用。

此外，教师还应该注重个人情感管理和表达能力的提升，加强情感沟通能力。教师应该学会正确处理自己的情感问题，加强情感管理能力，同时也要学会正确地表达情感，提

升自己的情感表达能力。在与学生的情感沟通中，教师可以通过适当的表达、肢体语言等方式，建立良好的情感互动，增强情感交流和情感联系。同时，教师还应该将所学所得的情感理论知识运用到课堂实践中，使自己的课堂生动有趣，充满情感色彩。通过情感理论学习，教师可以更好地理解学生的情感需求和情感表达，以情感人、以情育人，在课堂中实现情感教育的有效实施。在这个过程中，教师不仅可以提高自己的情感素养和个人魅力，还可以影响和帮助学生理解和表达情感，促进学生的情感成长和发展。因此，教师加强情感理论学习和提升情感素养是十分必要和重要的。

3. 挖掘情感因素，调动情感体悟

深入挖掘中小学道德与法治教材的真理性，把握学生求真、求实、求新的心理，调动学生对教学内容的情感。可以让学生更加全面地理解道德与法治内涵，也能够激发学生的情感共鸣，培育他们的道德品格和责任意识。因此，在挖掘情感因素时，需要更加细致入微，从多个角度来寻找教材中的显性和隐性情感因素。

对于显性情感因素，可以从教材中的图片、文字表述以及案例和事例中找到情感的明显表达。教材中的图片和插图通常都带有情感色彩，通过观察和理解图片和插图中所传达的情感，能够更深入地了解教材中的显性情感因素。同时，教材中的文字表述往往带有强烈的情感色彩，认真阅读并理解这些文字表述，能够更好地理解教材中的显性情感因素。中小学道德与法治教材中"相关链接"的案例和事例通常是为了帮助学生理解该课的知识而设计的，通过深入分析这些案例和事例，能够更好地理解教材中的显性情感因素。

隐性情感因素同样重要，往往藏在教材的语境和背景、人物形象等元素中。理解教材的语境和背景，能够更好地理解其中的隐性情感因素。例如，一些历史事件、社会现象背后的情感信息，可能需要结合当时的社会背景和文化脉络才能更好地理解。教材中的人物形象往往是传达隐性情感因素的重要手段，通过分析人物形象的言行举止、背景、社会地位等方面的信息，能够更好地理解其中的隐性情感因素。

4. 巧用数字化教育技术，烘托情感体验氛围

数字化教育技术的应用在教育领域中的作用越来越受到重视，其中最重要的是能够为学生提供更加丰富、直观、生动的学习体验，并烘托出情感体验的氛围。对于教师来说，要巧妙地运用现代化技术，营造出既有趣又充满情感的教学氛围，从而帮助学生更好地理解知识和积极参与课堂。例如，利用虚拟现实和增强现实技术，学生可以身临其境地参与到情境中，从而增强情感体验。利用科技类游戏，提供一种更加轻松愉悦的学习方式，从而增加学生的情感投入和体验。通过社交化学习平台，学生可以与同学互动和交流，分享

自己的学习成果和体验，从而增强情感体验和学习动力。

三、中小学道德与法治角色扮演教学法

（一）道德与法治课角色扮演教学法的解读

角色扮演教学法指的是，为达到更好的教学效果，教师根据教学内容提前拟定恰当的情境主题，在教学过程中引导学生扮演不同身份的人物，切换不同身份的视角，使学生在情境活动和实践中观察、感受、体验和思考，从而更有效地调动学生知、情、意、行各方面在心理与道德发展中的作用，使学生真正做到将所学知识内化于心、外化于行。

现实中每个人在生活和工作中都有其相应的角色，每个身份和角色里面都会有相应的一套信念价值观系统作为支撑，即每个人的思考、角色和行动都会受其内在的价值观和信念观所影响。正因为如此，对于相同的事物，也会因为自我角色的不同定位而导致不同的情绪感受和行为结果。将角色扮演理论引入道德与法治课中，以学生为主体，教师为主导，让学生扮演生活情境中的不同角色，引导其主动换位感受角色立场和态度，将理论知识内化为自身的思想情感，提升价值判断和价值选择能力。

基于此，道德与法治课角色扮演教学法可以定义为：教师为更好地落实"立德树人"根本任务，以发展学生核心素养为教学工作主线，引入角色扮演教学法作为教学手段开展教学活动，针对具体的教学内容，挖掘现实生活中的情境素材，在课堂上引导学生扮演不同的社会角色，设身处地感受角色所处境地，使学生从角色行为冲突和情感共鸣中获得社会认知，提升自身分析问题和解决问题的能力。

（二）角色扮演教学法的特点

角色扮演教学法是指教师以实际生活素材为依托，针对教材内容和学生特点设计富有价值意义的情境内容，使学生在开放式、互动式的实践活动中体悟所扮演角色的情感态度和行为方式，从而获取宝贵的生活经验并用于指导生活。因此，角色扮演教学法具有仿真模拟性、互动合作性、实践体验性及民主开放性的特点。

1. 仿真模拟性

实践是认识的来源。学生知识的获得离不开现实生活，最终还要为现实生活服务。为此，学校教学活动的开展不能脱离实际，要以社会生活素材为依托，构建学生生活经验和教材内容之间的桥梁，产生知识的同化与转移。

角色扮演教学法作为情境教学法中的一种，它更强调学生体验的真实性，从教师情境

内容的选择、教学环境的布置到学生正式扮演的各个环节都渗透着仿真性，始终坚持现实性和知识性相结合的原则。

道德与法治课是一门德育课程，是体现党和国家意志的课程，是青少年成长的关键阶段开设的关键课程，导致其教学内容具有一定的严肃性和规范性。因此，道德与法治课中角色扮演教学法的运用更加注重仿真性，情境主题的选择需要与教材内容相适应，情境内容的预设不可偏离国家现行的方针政策，秉持仿真性和时代性的原则，彰显德育课程的国家意志。

2. 互动合作性

一方面，在教师和学生之间体现着互动合作性，教师在角色扮演活动开始之前要根据具体的教学内容收集素材资料，创设真实、丰富的情境内容，根据学生的性格、爱好、情绪等分配人物角色。在课上组织学生进行角色扮演活动，适时调整活动节奏，组织教学秩序，引导学生把握重点，体会角色的内在情感。学生在角色扮演活动之前要预习本节课的内容，掌握知识脉络，找出重点和难点，为课上角色扮演活动的顺利进行夯基筑垒，这体现了角色扮演教学法中学生和教师的合作性。同时，在角色扮演活动开始前教师和学生交流此次活动的重难点，在活动进行时师生之间进行观点交流与评价总结，课后学生同教师交流此次角色扮演活动的心得体会或提出建议，体现了角色扮演教学法师生的互动性。

另一方面，互动合作性特点也体现在学生和学生之间，在课前同学之间分工合作帮助教师寻找现实生活中的素材资源，如对预习的内容有疑问则互相交流，课上角色扮演活动进行时，每位同学根据教师分配的角色进行表演，互相配合，课后同学们还可以通过举办辩论赛、演讲活动或座谈会等方式进行深入沟通，在开放式的思维碰撞中激发求知欲，提升学习兴趣，同时也能在团队协作中提升沟通与表达能力。

3. 实践体验性

中小学道德与法治教材内容最显著的特点是综合性和实践性，每个单元都将情感态度价值观、能力、知识加以整合，且内容高度重视与学生生活经验和社会实践的联系。角色扮演教学活动作为最具代表性的课堂活动之一，能较为全面地兼顾学生的参与感和体验感，实践体验性是其最显著的特点。角色扮演教学法根据实践经验创设真实合理的情境，让学生置身于情境中的角色，对此时此刻的角色扮演活动进行全方位、多角度的观察、感受和思考，从中体会现实中其他社会角色的态度与情感。

角色扮演教学活动为学生提供互动体验的学习机会，以教师为主导，学生为主体，课前由学生自主预习教材内容，掌握知识脉络，课堂上学生在课前"思"的基础上参与角色扮演教学活动，根据亲身体验和观察到的现象能动地进行深度思考，学生在体验中习得知识，在实践中迁移知识，在感悟中升华知识，并能抽象概括出合乎逻辑的结论体系，将其运用于实际生活中去分析问题、解决问题，真正做到"以知促行，以行促知，知行合一"，有效解决学生"知而不行"的问题。

4. 民主开放性

角色扮演教学法的整个教学过程中都秉持着"以学生为本"的教学理念，体现了民主开放性的特点。

（1）民主开放性体现在扮演活动的课前准备阶段。在上课之前由教师制定好情境主题，自愿报名的学生可以和教师共同去现场或在网上收集活动素材资源，共同探讨角色扮演情境内容的创设，因为学生和教师有着不同的生活经历，学生共同参与可以选择更贴近学生实际生活的情境，另外在道具、服饰和场景的选择上，也可以由学生自行组队设计、选择，解放学生的大脑和双手，充分发挥学生的想象力和创造力。

（2）民主开放性体现在扮演活动的执行阶段。教师先示范几次如何主持角色扮演活动，后面可以由学生自己主持，教师在一旁适当地进行指导，尽量减少对此活动过多的干预，使学生成为整个活动的创作者和体验者。

（3）民主开放性体现在扮演活动的总结阶段。活动结束后由参与扮演的学生和旁观者分别发言总结，分享此次活动的心得感受，评价此次活动的优点与不足之处，为今后的教育教学工作建言献策。在这样宽松自由、民主开放的学习氛围中，充分发挥了学生的创造力，让学生学得轻松、学得主动、学得扎实。

（三）角色扮演教学法的运用策略

1. 整合教学条件，情境设计来源多样化

道德与法治课是一门综合性课程，角色扮演教学活动中情境的设计应充分利用好各种素材资源，整合相关教学条件，保证情境设计来源多样化，全面助力教学质量的提高。具体地说，教师创设情境内容时可以从学校、家庭及社会三个层面挖掘素材资源。

（1）学校是学生学习的中心，包含丰富的教学资源。教师应充分挖掘学校特有的教育资源，包括学校的校风、班风、学风，教师的工作态度和作风，及学生的学习态度、行为方式、人际交往关系等，都可以作为角色扮演教学活动的情境素材。

（2）家庭是学生成长的沃土，包含丰富的生活资源。道德与法治课教师要充分发挥学生家庭在角色扮演活动中的作用，教师在平时可以多了解学生家庭的经济情况、情感关

系、教育氛围等，如有开展相关内容的角色扮演活动，即可利用学生家庭资源作为情境素材。

（3）社会是学生赖以生存的土壤，包含丰富的时事资源。一方面，教师在空闲时期要深入社会，进行社会调研与实践，在实践中了解社会、反思自我的同时搜集各种时事案例，为今后教学工作的开展积累素材和经验；另一方面，在这个网络信息发达的时代，教师要充分利用互联网资源了解社会，多关注时事热点，紧跟时代步伐，将社会问题带到课堂，将社会情境引入课堂，提高学生解决实际问题的能力。

2. 重视资源开发，情境设计内容生活化

道德与法治课与学生生活密切相关，学习道德与法治课能培养学生良好的道德品质，引导其明辨是非，坚定正确理想信念，学生学习的最终目的要回归现实生活。另外，学生身心发展特点具有阶段性的规律，中小学生虽然处于具象思维向抽象思维的过渡时期，但仍然难以快速适应晦涩、深奥的理论知识。因此，道德与法治课教师在运用角色扮演教学法的过程，要重视社会案例资源的开发，设计角色扮演活动情境内容时要立足于学生生活，注重选择贴近学生活动实际的素材，保证活动的趣味性，以调动学生在知识、情感、意志、行为等方面的内在机能。

一方面，教师可以利用学生进行案例资源的开发，搜集他们身边的相关素材。教师可以提早拟定角色扮演活动的主题，让学生自行分组，以小组为单位完成任务，要求每一小组搜集与主题相关的不同类型素材，教师从中选择适合的案例作为此次角色扮演活动的情境素材，教师对其进行适当的修改，使之能满足教学的需求及符合学生的学情。另一方面，教师自己进行案例资源的开发，通过线上或线下的方式搜集生活素材。教师可以在线上利用学科网站、微信公众号、短视频 App 等方式关注社会热点，根据教材内容、学生情况及角色扮演活动的实际需要挑选贴近学生生活实际的情境素材。另外，教师还可以通过线下的研修活动、支教活动等方式进行实地考察、交流，从中获得一手资源，为今后角色扮演教学活动的开展奠定良好的基础。

3. 整合素材资源，情境设计环节连续化

学生在学习过程中，若面临的是杂乱分散、未经加工梳理的情境内容，将难以提升思维的逻辑性，难以领会学科知识的深层意义所在。因此，学生思维的发展离不开教师创设、编排有序的教学情境，教师在设计角色扮演活动内容时，要对搜集的情境素材进行加工整合，确保情境内容具有逻辑性、系统性，情境各环节之间具有层次性、连续性，顺应学生的思维发展规律。

（1）教师要对素材本身进行加工处理。搜集的素材不管是来自教师自己、学生，还是其他人，素材都是原始素材，在角色扮演活动开始之前，教师要先对素材本身进行加工处理，例如视频素材则需要改编、删减，根据教学内容和学生情况提取其中需要的某些片段，改编成适合学生对话形式的文案。

（2）教师要对素材的顺序进行加工整合。为了降低角色扮演的难度，避免学生在扮演过程中的疲惫感和无聊感，角色扮演活动可能由多个扮演环节组成，教师要对每个扮演环节的情境素材进行整合，确保整个情境环节顺序是由易到难，由简到繁，环环相扣，形成合理、有序、顺畅的演绎逻辑。

第四章　中小学道德与法治教学的完善策略

第一节　中小学道德与法治的生活化教学

中小学道德与法治课程重在提高学生对生活和社会的认识，养成良好的生活习惯，是一门具有综合性的学科，要求教师将教学内容与学生生活内容相联系，最终能够指导学生生活。因此，教师在进行教学设计时，就应当注重"生活化"，引导学生从生活案例中学习知识，关注生活实际。

教学设计是教师根据课程标准的要求和教学对象的特点，将教学诸要素有序安排，确定合适的教学方案的设想和计划。一般包括教学目标、教学方法、教学环节与作业设计等环节。生活化教学设计是一种教育理念和方法，旨在将学科知识与学生的日常生活经验和实际情境相结合，以提高学习的实用性和吸引力。在生活化教学设计中，教师需要确立以生活为背景的教学目标，并采用贴近生活的教学方法，运用与学生生活相关的教学内容，以及设计符合生活情境的课后作业。在进行教学设计时，教师应将课堂中的知识传递过程与学生的日常生活实际相连接，以促进学生在课堂中成为主体，提高他们的学习积极性、主动性和创新性。

一、中小学道德与法治课生活化教学的价值

中小学道德与法治教学立足于学生的实际生活，才能将道德品质内化为一种习惯，用道德法律知识指导学生生活。

（一）发挥中小学道德与法治课的德育功能

中小学阶段是学生意志品德形成的重要时期。培养学生形成良好的道德素质是中小学道德与法治课程的主要目的。该课程升华学生的品德修养，提高学生的道德素质，是落实"立德树人"目标的重要课程。课程改革后，道德与法治课教材进行了全面改革，为生活

化教学的实施提供了有力载体。在中小学道德与法治课中实施生活化教学，尊重学生的主体地位，充分发挥学生的主体作用，在潜移默化中做到"启智""育人"。

（二）适应新课程改革的要求

新课标要求把课堂还给学生，充分注重学生潜能的开发和学生兴趣的培养。在生活化教学中教师只是扮演引导者角色，引导学生主动思考、自主总结，充分调动学生学习和进步的积极性。从教学方式上采取多样化的教学方法，多元评价机制，与新课程改革的要求完全吻合。生活化教学强调教学内容贴近学生生活，在课堂上引入时事热点，这些热点问题从不同的角度反映了当下的不同领域的法律问题和道德问题，能够将学校生活与社会生活紧密相连，有利于培养学生把学习的知识应用于解决实际问题的能力。

（三）提升学生的学习效果

将学生熟悉的生活场景融入课堂中，利用有趣的教学方法引导学生主动参与，是在中小学道德与法治课中应用生活化教学的基本要求。这一方法的应用打破了传统的教学方式，使学生自主融入教师预设的教学情境，在潜移默化构建自己的知识体系，提高了学生的认同感。教学内容新鲜有趣，教学形式丰富多彩，课堂氛围生动活泼，生活化教学吸引学生主动参与，激发了学生学习的积极性，对学生的学习效果的提升产生巨大作用。

二、中小学道德与法治生活化教学设计的特点与影响因素

（一）中小学道德与法治生活化教学设计的特点

中小学道德与法治生活化教学设计是指中小学道德与法治教师在进行教学设计之时，以生活化教学为基础，将中小学道德与法治的特色融入教学设计之中。中小学道德与法治生活化教学设计就是教师在进行教学设计时，充分尊重学生，将学生作为学习的主体，将教材知识的学习与学生的实际生活相联系，回归到学生实际生活中；教师充分进行学情分析，在学生已有的经验基础上，引导学生学习新的知识体系并尝试对生活中的问题进行探究和思考，从而提高学生解决实际生活问题的能力，达成立德树人的教育目的。在这个生活化教学设计过程中，表现出了以下特点：

1. 基础性特点

近些年，我国在德育课程改革上提出了不少新的举措，目的在于进一步推进课程改革，努力建设大学、中学、小学思政一体化。其中小学的道德与法治教育就是思政课一体

化建设的基础阶段。在基础教育阶段，中小学道德与法治生活化教学设计肩负着将学生生活中的各个方面密切关系的重任，助推学生成为德智体美劳全面发展的人，并且为初中阶段的道法学习打下良好的基础。

2. 综合性特点

中小学道德与法治课程综合了以前的"道德与生活""品德与社会"的内容，是一门更加具有综合性的课程。在基础教育阶段，它身上承担着培养学生方方面面能力的重要任务，因此教材的编排上更加贴近学生的生活。教师在进行教学设计之时，应当充分考虑将知识与生活结合在一起，让学生能够在学习知识的时候，完成对现实生活的构建，为实施生活化教学起到引领作用。

3. 直观性特点

中小学生还处于基础教育阶段，对外界的认识还不够，社会的经验也不足，他们对世界和知识都还处于在探究和学习的阶段，因此对于道德与法治中所提到的一些比较抽象的理论性的知识或结论，还不能很直观地去理解和想象。教师在中小学道德与法治的生活化教学设计时，就需要设计更为直观的生活案例或者生活情境，让学生能够调动自己已有的对生活的认知去理解知识，用更为直观的方式，让学生亲身去感悟，触发学生对生活的思考。

（二）中小学道德与法治生活化教学设计的影响因素

1. 教育管理的重视与要求

教育管理方对教师的教学设计有着监督和检查的责任。因此教育管理上对生活化教学设计的重视和要求，能够直接影响到中小学道德与法治生活化教学设计的落实情况。

（1）对生活化教学设计的重视。教育管理方最直接的就是学校方。学校对教学设计的重视程度，在一定程度上决定了学科教师是否进行教学设计，并影响学科教学设计的完整性，特别是在中小学道德与法治，这样一门教师眼中的"副科"身上表现尤为明显。

（2）对生活化教学设计的要求。学校对于教学设计的评价及要求，是教师对本课程如何进行教学设计的重要指引。在检查中如果能够强调生活化教学设计，那么自然而然就能很好地推动中小学道德与法治生活化教学设计的落实。

2. 设计者具有专业素养

作为教学设计的设计者和教学设计的最终施行者，教师必须具有专业素养。教师的专业素养就是教师在教育教学工作中应该具备的知识文化水平和工作能力，它是教师在进行生活化教学设计，取得教育教学效果的重要保证。

（1）扎实的学科知识。中小学道德与法治教师应当具备丰富的思政学科的文化知识，以及本学科扎实的学科知识，才能在教学设计中，针对不同类型的知识，制定教学目标、选择教学方法。作为教学设计的设计者和教学设计的最终施行者，教师必须明确所授教材内容的知识类型，才能做好教学设计，取得良好教学效果。

（2）教师的学生观。教师的学生观就是教师对于授课对象的基本看法，这种看法直接影响着教师的教学设计内容。在中小学道德与法治中，教育对象是中小学生，要明确学生的身心发展特点，将学生看作一个完整的人。学生的思考、选择、体验都与成年人有着明显差别，教师要正确对待教育对象的群体特征，才是做好适宜的教学设计的前提。

3. 学情分析的情况

学情分析指的是学生在学习方面呈现出的特点，包含学生的学习方法是什么样的、学习习惯如何、兴趣点等内容。

（1）教师对学情分析的态度。教师对待学情分析的态度，决定着教师是否在课前准备即备课阶段、制定教学设计的阶段，对学生进行学情分析，掌握学生的情况，能够为中小学道德与法治生活化教学设计提供一个良好的前提基础。

（2）教师做学情分析的完整度。学情分析的内容有很多，如果认为学情分析就是从学生的身心年龄情况去分析学生的基本情况，这样是不够的，还应当考虑班级情况的不用，个别学生情况的不一致，了解班级学生的生活状态、爱好喜恶等多方面，以此作为制定中小学道德与法治生活化教学设计的基础。

在中小学道德与法治教学中，教师应充分关注学生的学情，做好学情分析，进而确定教学方法制度和教学目标，促进教学效果的达成。

4. 家庭教育观念

学校教育离不开家庭教育的支持。俗话说，家长是学生的第一任教师，家庭教育作为教育的重要环节，在教育学生上，具有不可忽视的重要作用。

（1）家长对教师的支持。家庭教育的质量，不仅与家长的文化知识水平有关，更与家长的教育观念有关。教师在进行生活化教学设计时，也会考虑家长是否支持教师的教学工作，如果教师对这方面有所顾虑，那也会直接影响到中小学道德与法治生活化教学设计的内容。

（2）家长对学生实践作业的配合情况。中小学道德与法治的生活化教学设计中有重要部分是实践性作业，这一部分的内容，离不开家长的配合与支持。如果在日常教学中，家长对学生的实践性作业配合完成度高，那么教师在进行教学设计之时，实践作业的设计会更具有意义；如果家长对本课程的实践作业完全忽视或者放任的态度，那么教师在进行教学设计之时，这一部分的内容得不到家长的配合，自然也有所忽视。

良好的家庭教育观念，能有效促进学科教学设计的完成，进而帮助学生学好本学科，促进学生德智体美劳的全面发展。

四、中小学道德与法治生活化教学设计的优化策略

中小学作为基础教育的学习时期，是学生道德与法治观念形成的关键期，教师应该充分认识到这一阶段的道德与法治学习的重要性，对学生进行积极的道法知识的教导。

（一）学校教育管理方面

1. 优化教师资源配置

要想道德与法治课达到最好的教学效果，首先就需要学校吸收更多具备道德与法治学科专业教师，而不是让学校的语文教师进行兼任。这需要教育管理者们积极优化教师的资源配置结构，从传统的兼任思维中跳出来，吸收更多专业的思政教师到中小学道德与法治岗位，学校教师真正做到专业的教师上专业的课。

2. 提高对生活化教学的重视

走上岗位后，教师的专业能力在培训中得以提高，为促进中小学道德与法治生活化教学设计的实施，还需要增加专业的培训次数。教育管理者要提高对生活化教学设计的重视，并且加大对专任教师的培养力度，在校内多进行校本教研和培训活动，提高教师们对于生活化教学设计的理论认识，用生活化的眼光去发现道德与法治课中的内容，学习更多生活化教学的技巧，开展集中教研或者集体备课，教师们共同讨论教材内容与学生学习之间的教育契机。

3. 完善生活化教学评价标准

要想生活化教学设计能够真正地实现，就需要采用生活化的评价标准，来对学生进行评价，也就是说，本课程要关注学生的实际生活表现。

（1）对学生的评价要以学生为主，融入学生生活实际，评价的过程要与学生的生活息息相关，让学生在学习中能够轻松而愉快。

（2）学生的生活范围非常广泛，仅仅以学生在校的状态作为考核的标准，是缺乏说服力的，还要考虑到学生在家里、在社会等情境中展现出来的生活能力、情绪调节能力、价

值判断能力等。

（3）在评价的设计上，教师还要注意评价的针对性和艺术性，可以采用小组评价、同桌互评的方式，或者是成立中立评价组长，对学生进行整体上的评价，这样才能有效促进知识落地，提高学生的学习积极性、主动性、创造性。

（二）教师素养与教学设计方面

1. 教师积极参加学科教研活动

教而不研则浅，研而不教则空。教师要想真正做好生活化教学设计，应当积极转变教育思想，重视基础理论知识，对生活化教学的相关理论进行深入地研究。通过自我学习或者参与校本教研的方式，寻求学科素养的提升，使教师能够真正从实际出发，从学生的生活出发，多角度的了解学生的生活实践，在教学设计中践行生活化。另外教师还要不断进行反思和总结，完善与学生的沟通渠道，及时反馈课堂知识的学习情况和课后实践兴趣，让生活化教学方式从设计中落实到教学实践中。

2. 合理设置生活化教学目标

教学目标的拟定，是教师进行教学设计的基础，在教学内容、教学方法、教学环节与学生生活之间搭建起链接的桥梁。

在进行生活化教学设计时，将教学目标和生活目标进行有效地结合，能够使学生更好地关注现实生活，将学到的知识运用到生活之中，促进学生德智体美劳的全面发展。从知识目标来看，贴近学生生活，能够帮助学生理解生活、理解课本知识；从能力目标来看，贴近学生生活，依托学生自身的生活经验，能够培养学生思考能力、动手能力、实践迁移和运用能力，提高学生在生活中解决问题的能力；从情感态度价值观目标来看，贴近学生生活的目标，更有助于培养学生的良好习惯，构建学生健全的人格品质和积极向上的价值观念，有助于促进学生个体的成长与进步。

对于学生而言，既要在学习中学会生活，又要向生活学习。因此，教师在确立道德与法治教学目标的时候，必须要为学生正确认识世界、认识自我、认识生活提供途径，帮助学生处理好自己与他人、与集体、与国家、与社会之间的关系，并且坚持用正确的人生价值观念来引导学生，使学生能够成为一个积极向上的人，真正学会独立思考。

3. 选择生活化教学内容

中小学道德与法治以学生生活为基础，面向学生的实际生活。在教学设计中，选择贴近学生生活的教学内容，这样才能树立起学生对生活的正确认识。

（1）充分挖掘教材内容。教学设计的过程，从某种意义上来说，也就是对教材内容的再创造。当前中小学道德与法治教材内容，以学生的生活为基础，在教学内容上充分考虑了学生的生活经验，教师在进行教学设计时，应当充分挖掘课本已有的教育故事和实践活动，有效开发学生生活资源，运用到教学之中，引导学生将理论与实践进行有机的结合。

（2）选择贴近学生生活实际的教学内容。教师在进行教学准备时，需要考虑学生的生活世界和思维方式，通过对已有生活认知和经验，展开对新知识的探究和讨论，进而加强良好品德的发展与塑造。

（3）寻找新鲜的生活资源。中小学道德与法治具有综合性与开放性，在教学资源上有着无穷的选择，教师在探寻生活资源时，要结合学生近期的附近的生活实际进行教学，越是贴近学生生活的教学资源越能启发学生的思考；反之，生活资源的时间或地点离学生的实际生活较远，虽资源再有限，都不能很好地吸引学生注意力，进而启发学生。

4. 采用生活化教学方式

现实生活中有很多的内容能够成为教师的教学资源，通过对这些生活内容与教材知识的有效整合，能够更好地帮助学生理解课本的理论知识。在中小学道德与法治生活化教学设计中，营造生活化的氛围，设计生活化的活动，采用生活化的作业形式，是实现生活化教学的有效途径。

（1）营造生活化的氛围。教学实践经验表明，学生在较为轻松开放的环境中，会更加积极地参与课堂活动，因此在教学设计时，教师应建设生活化的情境，让学生放松心态，提高他们的学习积极性和主动性，推动学生参与活动，分享体会，促进学生之间的沟通和交流。

（2）设计生活化活动。在中小学道德与法治教学设计中，学生作为学习的主体，需要积极主动地参与到学习活动之中，才能有所收获。教学实践表明，学生对于生活化的学习活动更加愿意投入和主动学习，因此教师在教学设计之时，应该多考虑设计更生活化的学习活动，比如小调查、社会实践、动手操作、参观学习等方式，引导学生在课堂上思考、交流、动手实践，从而使学生真正成为课堂的主人，真正将知识回归到自己的实际生活之中。

（3）采用生活化的作业形式。作业是检查教学效果的一种有效方法，在教学设计中完成对学生作业的设计时必不可少的，而在中小学道德与法治教学中，作业要更具有开放性和灵活性，方能引导学生将课本知识回归到生活实践之中，打破教材的局限性，真正达到锻炼学生的目的。

5. 实施生活化教学评价

目前，中小学道德与法治教学中，教师对学生要么缺乏评价，要么就仍旧是以考试成绩为主要测评方法。值得鼓励的生活化教学评价方式有以下方面：

（1）设计多种活动形式进行教学评价。在教师的生活化教学设计中，可以设计多种活动形式进行教学评价，如辩论赛、演讲活动、学生小课堂等，还可以引进新媒体，利用各种软件 App，得到学生家长的评价反馈，甚至社会公众都可以参与到评价中来。

（2）从多维度设计评价标准。教学评价可以是多维度的，不单单是纸笔的测试，还可以制作学生学习报告、成长记录、作业展示等，全面地考核学生的学习。

总之，实施生活化的教学评价，是符合我国所倡导的"发展性评价"的，教师在评价中，引导学生进行全面地多角度地认识自我，学会生活，培养学生独立、勇敢、自信、诚实的良好人格品质，达成立德树人的教育目的。

（三）家庭教育方面

学生家长应当树立正确的家庭教育观念。首先就是家长不能够推卸自己的教育责任，将学生的教育完全寄托于教师身上。不能排斥生活实践的作业，不管是什么学科，只要是需要进行生活实践的作业，如种豆芽、养蚕、做小调查等类型的生活实践作业，都能够帮助学生提高对生活的认识，家长要给学生提供必要的帮助，指引学生去探索和实践，真正认识世界，认识生活。其次，就道德与法治学科而言，更需要家长理解其课本内容和内涵，帮助学生完成课程知识，助推学生全面发展。总之，家长也需要不断学习，保持积极的学习态度，与学生共同进步。

当今社会，学校越来越重视家校共育，大多数学校都在家长之中成立了"家委会"，邀请家长参与学校的管理，监督学校的教育教学，完善学校课程开发等，以此来激活家长对学生的教育积极性。作为一名学生家长，应当积极了解学校的教育教学活动，积极反映学生在家里的生活和实践活动情况，家长也可以通过网络平台了解道德与法治学科的重要性，为中小学道德与法治生活化教学实践提供一定的环境支持和指导教育，帮助学生提高生活实践能力。

（四）学生学情方面

教师在进行教学设计之中，应当深入了解学生的学习需求和学习兴趣，并将其作为重要的指导原则。通过积极培养和调动学生对道德与法治学科的学习兴趣，教师可以激发学生的学习热情，提高学习效果。

首先，教师应该通过观察和沟通，了解学生的发展特点和学习需求。每个学生都有自己独特的个性和兴趣爱好，教师需要通过主动与学生交流，了解他们对道德与法治学科的兴趣点和疑惑，从而针对性地安排教学内容和活动。

其次，教师可以通过多样化的教学手段和资源，激发学生对道德与法治学科的学习兴趣。例如，可以通过生动有趣的案例、游戏化的活动、互动讨论等方式，引导学生主动参与和思考。同时，教师也可以利用多媒体技术、实地参观等教学资源，丰富教学内容，使学生在实践中获得对道德与法治的直观体验。

此外，教师还应当注重培养学生的道德情感和判断力。通过鼓励学生表达自己的价值观，并与他们分享相关的真实故事和经历，教师可以引导学生思考并形成正确的道德判断。同时，教师也应当注重培养学生的法治意识，让他们了解法律的重要性和作用，以及遵守法律的责任和义务。

总之，教师在进行教学设计时，要充分考虑学生的学习需求和学习兴趣。通过积极培养和调动学生对道德与法治学科的学习兴趣，教师可以激发学生的主动学习能力，增强他们的道德情感和法治意识，为其未来的成长奠定良好的基础。

第二节　中小学道德与法治教学的创新模式

一、微课教学模式

近年来，随着移动技术、视频压缩与传输技术、移动终端、网络带宽、网络速度、视频分享网站等技术的进步和应用的快速普及，以视频为信息传输媒体的微课常态化应用在技术上成为可能。同时，随着时代的进步与发展，课堂以"学生为主体"，高效率的教学方式变成大家所追求的，而微课作为一种新型的高效率的教学方式和学习方式，短期内得到中小学教师的认同，并广泛应用于日常教学实践。在教学实施过程中引入微课模式，可以"为学生创设一个更为宽松、更为灵活的学习环境，对于提升教学质量和教学效率十分有益。"①

微课是一种基于信息技术和网络平台的教学方式，通过简短的、紧凑的课程内容传达知识和教育信息。它通常由多媒体元素（如视频、音频、图像等）组成，并结合文字说明

---

① 　赵颖. 小学道德与法治微课教学方式要点探究［J］. 亚太教育，2022（11）：106.

和互动要素。微课的主要特点是时长短、内容精练、针对性强，并提供方便的学习方式和个性化的学习体验。

（一）中小学道德与法治课中微课的运用要点

德育与法治微课程有别于普通的"微课程"，它将其与政治学的特征相结合，并将其狭隘化，以达到更好的教学效果。

1. 微课运用的时机

微课作为一种新的教学资源，对中小学道德与法治的教学影响较大，按微课的使用时机将微课分为课前预习阶段、课中教学阶段和课后延伸三个阶段。德育与法治课程以思想性、人文性、实践性和综合性等学科特点为基础，承担着传授基础理论知识的任务，更注重德育的培养。微课与学科相结合，既可以实现教学目标，又可以通过技术手段，在不知不觉中引导学生树立正确的三观。中小学道德与法治课程以学生的生命为本，旨在培育学生具有良好道德品质和行为习惯、乐于探究、热爱学习为目的的活动课程，所以微课运用在中小学道德与法治课堂教学中应各个环节配合使用。

2. 微课运用的方式

微课是一种信息技术，它具有自己的优势，可以应用于现有的教学方法。过去的课堂教学大都是教师的口头讲授和单向的传授，而学生则是被动地接受。在实施新课程改革和培养学科核心素养的前提下，教师在课堂教学中应重视学生的反馈和自我表达。微课使用方式是根据教学内容和学生学情为依据，按微课的使用将微课分为课堂导入、情景设置和重难点突破。课堂引入是一堂课的开端，利用微课能更快地引起学生的注意，为以后的教学打下坚实的基础。中小学道德与法治最大的特点在于活动性这个特征，而情景设置更能切合活动性，让学生在营造的情境中学习。

3. 微课运用的内容

以知识为基础的德育和法治教育更注重学生的价值取向。它所具有的与其他学科不同的特性，决定了它在教学中应高度重视学生的道德修养的形成和发展。人文和思想共存的学科，大部分都需要学生把教师所讲的知识融入自己的头脑中，然后运用到实践中去。一些内容在学生看来太过抽象、晦涩，明显无法达到道德教育的目标。教师根据教材可以将内容分为个人、家庭、学校、社区、国家和世界六大领域，以及基本文明素养教育、法治教育、爱国教育、中华传统文化、爱国教育、自然教育、国家领土主权教育、国际视野教育。

中小学道德与法治的内容根据学生的身心发展特点，内容由简到繁，由容易到复杂，从学生生活为出发点到开阔国际视野螺旋式上升，更加符合学生的学习特征。微课适用社区、国家和世界等领域以及规则意识民主法治教育、爱国教育、国家领土主权教育和开放国际视野教育等主题。

（二）中小学道德与法治课中微课的运用建议

1. 正确认识微课的本质

随着时间的推移，微课的理论体系有了长足的发展，但仍有许多争论。微课的概念、开发和设计在与教学相融合的时候，难免会增加一些新的因素，这会给一线教师带来一些干扰，所以，要正确认识微课的本质，就必须树立正确的微课观念，将其置于统一的地位，不会因不公正而影响其使用的原始含义。让教师们认识到微课的先进和服务，从而激发他们在教学中应用微课，但在应用上，不过分追求和强调技术性，而忽视了它为学科服务的道德教育性质。

2. 增强教师应用微课的意识

微课与传统的教学观念有很大的不同，所以教师要不断地适应这种变化，要有正确的认识，不要将播放的多媒体资料当做是微课，这样很容易造成学生的知识结构错乱，对学生的道德和法治教育有很大的影响。要切实加强教师对微课教学的认识，培养学生的学习兴趣，让学生清楚地认识到"微课"在中小学德育和法治教育中的重要作用，并培养教师主动运用微课的观念。要切实加强教师对微课教学的认识，培养学生的学习兴趣，将微课用于课前预习和课后复习的教师较少。教师要提高对微课的灵活应用能力，让学生在课前、课中、课后都能更好地掌握道德和法律的知识。

在教学之前，教师把作业表发给学生，让他们用各种方法收集材料，并做好课前准备，使他们真正地掌握课堂的主动权。在课上，教师会播放一堂课，让同学们直观地认识到有关法律和道德的问题，并在课堂上展示所发现的材料。课后，利用微课的形式，让学生温习、巩固已学的知识，扩大课外知识。教师可以针对不同的学生进行微课教学，并运用微课因材施教，使不同层次的学生有更好的巩固与提升。

3. 促进微课平台建设

建立本学科微课资源库，离不开相应的技术支撑。开展此项研究的主体应该是学校，但由于学校技术水平和经费不足，在短期内，很难完成微课资源的开发与支撑。所以，校企协作，搭建一个高效的支撑平台，实现微课资源的推送和共享，是解决这一问题的有效途径，既能发挥学校的作用，又能体现技术的长处，为教学对象提供优质、可靠的服务。随着网络的发展，很多人开始认识到，学校已经不仅仅是一个小型的教育资源库，很多学校都已经打破了传统的限制，微课和慕课，让这些课程在不同的地方进行共享。学校是优质教育资源的集结地，它积极吸纳社会各种有益的资源，加强与社区、家庭的良性互动，共同构建微课资源库。提供更多的微课平台，共享优质的微课资源，充分体现平台的丰富性、层次性、整合性和实用性。让更多有志于微课教学的一线教师参与进来，让他们通过各种微课共享平台进行交流，建立个性化、精准的微课推送系统，有效地提高微课的质量，最终将其运用到课堂教学中。

4. 定期召开教学研讨会，形成教学团队模式

网络上的视频制作大多依靠某一学科的专家或者一线教师来完成，这一状况有很多局限性。比如：对知识点的理解方法单一，微课制作技术欠缺等。要解决这些问题，改善课堂教学质量，就必须发动各年级的政治学科小组，集思广益，迎难而上，建立起一个教学团队，共同出谋划策、合作学习。在实践中，有的教师有着丰富的教学经验，但是缺少系统地总结和归纳；有的教师的教学风格多种多样，但是，教室纪律松散；有些教师的教学设计很新颖，但是学生之间的交流还需要改进，在这样的环境下，各学校都需要组建自己的研究团队。每一门课程都有自己的教研组成员，由教研组定期召集，在一定时期内对学生进行微课学习的研究，并为下一阶段的教学做好准备。总之，形成教学团队模式，定期召开教学研讨，有利于为微课教学保驾护航。

5. 完善教学硬件设备，提供教学技术支持

没有技术支持，没有硬件设备，微课制作就像是没有源头的水。微课制作技术包括内容设计和软件资源两个方面。"内容设计"是微课教学中的一项基本技能，"教学软件资源"是指对教师进行微课教学技能的培养。为此，应加强对教师微课的相关培训，并为其提供必要的技术支撑。优质的微课制作技术和一流的教学硬件设施是产生优质微课的必要条件。比如，各学校均拥有一定数量的信息技术教学科研人才，可作为微课开发的中流砥柱。与其他学科相比，他们在人力和物力上都有优势，有一定的学习基础，能够快速地接受新的东西。另外，通过对不同专业的教师进行微课技术的培训，可以使学科教学和信息技术相结合。因此，在微课教学中，教师要加强教师的技术支持，加强教师的教学硬件设施建设。

二、翻转课堂教学模式

"翻转课堂的教学模式是现代教学中应用得比较高效的新型教学方式，运用翻转课堂

来构建中小学道德与法治趣味课堂，能够激发出学生对道德与法治知识的学习兴趣，让学生形成一个良好的学习意识和观念，帮助教师打造一个高效的学习课堂。"①

翻转课堂教学模式与传统课堂教学模式最根本的区别是，该模式以学生为中心，将教师与学生的主体角色进行了转变，构建了一个自主学习的环境。课堂中，教师主要是知识的传授者、参与者和引导者，改变了传统教学中以教师为主的灌输式的教学模式。翻转课堂利用互联网信息技术手段，提高了道德与法治课堂教学的效率和质量。

（一）翻转课堂教学模式的认知

翻转课堂就是重新调整了课堂内外的时间，将学习的主动权由教师转交给了学生，提高了学生的自主学习能力。这种教学模式的开展，学生从宝贵的课堂时间中学习知识时，注意力会更加集中，教师在课堂上将侧重点放在了重难点知识。在课外的时间，学生可以提前进行自主学习掌握道德与法治知识。学生通过自己的学习习惯、节奏、风格等制定出具备个性化的学习目标，教师采用讲授法和协作法，让学生能够在实践的过程中学习更多的知识。

翻转课堂的特点就是利用信息技术制作出与课堂内容相关的视频，进行道德与法治知识的讲学，主要有以下四个主要特点：

第一，视频短小，但却都是精华。一般的视频是五到十分钟，这些视频都是针对本堂课教学的重点，根据教学目标来制定的。学生在进行学习的过程中，能够将注意力集中在课堂上，提高学习的持久性，同时符合学生的身心发展特点。并且视频是可以进行自主下载，能够反复地进行观看，学生在学习过程中可以随时地进行暂停和回放，让学生的学习变得更加自主和高效。

第二，教学内容更加清晰明确。通过视频的教学模式，将课堂的重难点知识一条条地罗列出来，让学生能够更加直观地感受道德与法治知识的含义。学生在课堂下自主地完成知识的学习，教师更多的是去分析问题和引导学生去运用知识，在课堂上教师采取的是互动型的教学模式，让师生之间和同学之间的交流更加频繁，教师及时地解答学生的疑惑，学生之间通过交流分享自己的学习体会，加强对知识的理解。

第三，帮助学生重新构建了学习流程。翻转课堂对学生的学习阶段实施过程进行了重新构建，信息传递这一阶段是学生在课前提前就完成了的，这个过程中，教师要提供视频的知识讲解，还可以提供在线的知识问答环节。吸收内化，这个阶段则是在课堂上通过师

---

① 王冠. 翻转课堂构建小学道德与法治趣味课堂的思考 [J]. 科学咨询（教育科研），2021，（03）：230.

生和同学之间的交流互动来进行的，教师通过了解学生在课前进行自主学习的情况，来了解学生在哪些方面有困难，哪些方面理解不清，有针对性地在课堂上提出有效的解决办法，加强学生知识的掌握。

第四，让复习巩固和自我检测更加方便和高效。学生在学习完新的知识之后，通过视频的方式进行回顾来巩固知识，同时在视频的后面设置几个小问题，这些问题的设置要与课堂上学习的内容紧密地联系起来，学生通过这些课后问题进行自我检测，发现自己身上还存在的问题，及时进行改正。同时还能加强教师对学生学习情况的了解，让课堂的教学更具目标性。

（二）中小学道德与法治课翻转课堂的运用策略

1. 转变教师角色，构建师生关系

运用翻转课堂的教学模式，教师首先要转变好自己的角色，通过不同的场景阶段及时转变自己的身份。例如，在课前的阶段，教师就是教学资源的开发者、制作者和创新者，通过根据课本教学内容和教学目标，制作出与课堂内容密切相关的教学资源，制作的过程中还要充分考虑实际教学的情况和学生的个性特点，进行因材施教的教学资源设计；在课上的教学阶段过程中，教师是教学的组织者、引导者、课堂活动的设计者和督促者；在课下这个阶段，教师则是提供帮助者，当学生遇到困难时积极地帮助学生解决问题，引导学生学会自我反思，找到问题的根本所在，促进学生养成良好的学习习惯。

教师在转变角色的过程中，要与学生构建良好的师生关系。当教师与学生之间达到一个和谐的状态，有助于课堂气氛的营造，将课堂变得更加生动活泼；还有助于师生关系的良性互动，让学生愿意紧紧跟随着教师的教学节奏进行学习；也有利于学生综合素质的提高，培养学生人际交往能力、逻辑表达能力等等。教师在教学的过程中，要让学生体会到平等、民主、被尊重、被信任、被理解，教师要及时给予学生鼓励、指导、忠告，增强学生的自信心，充分尊重学生的个性特点，挖掘学生的潜能。

2. 制作教学资源，联系课本内容

教师在制作翻转课堂教学资源时，应注重紧密联系课本教学内容的原则。制作教学资源的流程，包括资料的收集、整理、分类、汇编，教授讲述、制作视频教学课件、制作教学案例，一般通过视频为载体提供给学生。制作的视频长度不宜过短，也不宜过长，要将课本单元教学内容的重难点进行梳理。同时，制作资源的过程中要注意内容的丰富性，视频内容的趣味性。要合理选择素材，既让学生在学习中感到快乐，又在快乐的教学中学到

知识，得到启发。

3. 应用视频教学，创设教学情景

在进行翻转课堂的教学过程中，运用视频教学来创设出相关的教学情景，加强学生对学习道德与法治知识的兴趣。例如，教师在讲到中华民族相关知识时，可以通过播放中华各个民族的风俗习惯、地理优美景色、美食、建筑特点、服装特点等，加强学生对中华民族的了解。在条件允许的情况下，课前可以让学生提前收集一些民族风格的服装，在课堂上组织学生开展走秀的活动，向大家展示自己服装的特点，让班级的同学更加了解各个民族的文化。对学生加强中华民族统一的思想观念，培养学生的爱国主义和民族自豪感，树立正确的世界观、人生观和价值观。

4. 强化小组合作，引导自主学习

进行翻转课堂的过程中，教师可以成立学习小组，一般的小组成员人数为五到八个，教师要合理分配小组成员，让组内达到和谐统一，各个小组之间要均衡，让小组内明确自己的职责。在课前，教师可以布置一些小组合作的任务，让学生加强小组合作，培养自主学习的能力。在做完小组任务后，引导学生进行总结，在课堂上进行成果展示。教师运用网络平台在课前进行在线的答疑以及指导工作，及时帮助学生解决遇到的问题，推动学生自主探索的脚步和节奏，在课堂上对学生的成果及时进行评价，建立正确的奖惩制度，从成果展示中发现学生还存在的问题，并明确告知解决方案，最后教师再进行完整的总结和分析。

例如，在教学保护环境这一课时，教师可以在课前布置小组任务，让小组成员观察日常生活，收集一些自己和家人保护环境的事例，以及在日常生活中环境保护的不足之处，发现的破坏环境的行为。让学生收集完这些素材之后，进行保护环境的方法探究。学生在收集、整理和讨论完保护环境的方法之后，在课堂上以小组为单位展示小组内的成果，这样能加强学生在日常生活中保护环境的意识。同时，在实际活动中增强了保护环境知识学习的趣味性，让学生都能够愿意参与到实践活动中来。

三、线上线下混合式教学模式

线上线下混合式教学指的是，在互联网信息时代下，将传统线下教学与网络线上教学紧密融合，充分发挥二者优势，有效提高教学效率的新型教学方式。也就是在学校教育教学过程中，依托于网络信息技术，将传统课堂线下教学与网络信息线上教学有机融合，充分发挥线上学生自主学习与线下师生合作学习的优势，促进学习效率和教学效果的新的教

学方式。

(一) 线上线下混合式教学的必要性

第一，线上线下混合式教学有助于弥补二者不足。在线上教学过程中，存在课程重视度不够、教学内容讲解度不高、教学方法使用不够灵活等问题。与此同时，在线下教学过程中，存在课程资源开发与利用不足和教师专业化水平较低等问题。对于二者不足之处，线上教学与线下教学的结合可以充分避免单一教学自身所致的不良效果，有效弥补和整合各自不足与缺陷，将单一教学中的不利因素转化为线上线下混合式教学中的有利因素。在教育改革发展背景下，以全面发展学生为导向，全力降低影响教学效果和学习成效的消极成因，推动线上线下混合式教学发展，提升教师教育教学水平和能力。

第二，线上线下混合式教学有助于发挥二者优势。在线上教学过程中，学生可以根据自身学习条件和情况自由选择学习时间和地点，及时获取各种学习资源，有效提升知识获取率和知识巩固率；教师可以利用教学资源进行充分、系统备课，布置和批阅课业任务具有快捷性和高效性。在线下教学过程中，学生可以感受班集体所发挥的一系列的情感体验，即时获得自我满足感和荣誉感；教师能有效利用榜样法等培养学生独立思考、积极提问、主动学习等学习习惯和态度，还能根据学生间个体差异性发展规律，及时制定个体专属学习计划进行因材施教等。对于二者诸多优势，线上教学与线下教学的结合可以最大限度内整合二者优势和长处，发挥整体大于部分之和的巨大作用，充分体现学生学习的主体性，实现教学效率最大化。

(二) 线上线下混合式教学的路径

1. 强化道德与法治课程政策性支持

为了加强思想道德建设工作，教育部等行政部门要将道德与法治课程作为核心内容，以教育政策和法规为指导依据，详细制定道德与法治课程实施细则和规范。在此基础之上，做好相关后续执行工作，上级部门严格要求各级各类学校认真解读道德与法治课程实施细则和规范的内涵及其精神，再结合各校实际情况进行课程实施，稳步、扎实提升道德与法治课程定位。与此同时，学校主体要积极响应上级部门的号召，认真解读课程实施细则的内涵，深刻体会其精神，校领导班子要及时组织并制定详尽的考核计划和方案，将道德与法治课程实施情况纳入学校综合考核之中，同时教务处也要增加对道德与法治课程实施的随机检查力度，制定随班听课的相关制度，并且以家访和问卷调查等形式加强对课程进行监督管理，以期调动教师和学生的积极性，提升各教育主体对道德与法治课程的重视度。

教育行政部门要利用自身优势条件，建立教育资金基础，配备专业指导人员，增加道德与法治课程教育教学研究的资金投入与人员支持。在教育研究基础上，从理论基础和现实境况共同出发，提出适合本地区道德与法治课程高质量、高效率及高标准实施的可行性路径。与此同时，各个教育部门为教师创造实施道德与法治课程的良好的教学环境，避免非教学任务的困扰，减少教师额外的教学压力，以保证教师实施道德与法治课程的积极性和主动性。

2. 构建线上线下混合式教学新模式

（1）承接线上教学积极经验成果。对于线上教学而言，在经过网课的摸爬滚打和实践操作倒逼之后，教师已经从被迫接受到熟练掌握，并不同程度地积累了在线教学的积极经验和有效经验。与此同时，这种新的教学形式为不同层次、不同需求的学生提供了充足的学习时间、思考时间和探究时间，符合新课改背景下素质教育的个性化发展原则。教师作为研究者，应将自己的有效实践经验上升至理论高度，为其他教育工作者提供借鉴和学习。

（2）充分利用线下教学独特优势。线下教学主要是在学校教育中，以班级为单位，由教师主导、学生主体面对面进行的教育教学。从其教学优势而言，线下课堂更容易形成积极且浓厚的学习氛围，更好地督促学生学习，及时调整教学进度，合理进行教学评价，更易完成教学工作等优势。在学校教学过程中，要充分利用线下教学优势进行教学，以改善在线上教学中所存在的问题，切实提升学生学习效果，促进学生健康发展。

（3）确保线上教学与线下教学有效衔接。线上教学与线下教学的有效衔接是形成线上线下混合式教学新生态的首要措施，新课改下的学生观强调，学生是一个完整的生命个体，以此为基础，构建以人为本的线上线下混合式教学的教育生态。根据学生差异性，针对性设计教学问题，供学生自主选择，以激发学生学习动机，提高学生学习主观能动性，逐步形成积极的线上线下混合教学教育生态。在此过程中，教师要从教学内容、教学环境、教学时间、教学媒体、教学方法等层面进行考虑，最为重要的是教学内容的衔接。教师要充分做好备教材、课前反思等准备工作，基于此，合理安排各个阶段教学内容的组织架构和具体的教学目标，以学生掌握内容的状况，因势利导，及时调整和组织教学内容的安排。

（4）构造线上线下混合式教学新模式。整体而言，承接线上教学经验、利用线下教学优势，积极构造线上线下混合式教学新模式，主要是指以"云校家""微信群""QQ群"为教学平台，结合传统课堂教学，实现教师工作、学生学习的动态教育过程。

首先，在课前，教师根据课程标准进行教学设计，制作教学课件，搜集相关视频及文本资料，上传至"云校家"平台，标明学生使用手机或电脑的时间和次数，然后学生自由选择时间进行课前预习。同时，对于学生在线提出的问题，教师可借助"微信群"或"QQ群"进行及时反馈。

其次，在课中，教师先进行重难点讲解或案例分析，掌握教学内容知识与能力层面的知识点，再以小组合作学习等方式进行问题讨论和分析，在学习过程中升华道德与法治课程的情感态度与价值观。

最后，在课后，教师根据具体内容，发布小任务或使用头脑风暴法开展拓展讨论，训练学生的创新思维。在整个教学过程中，要注重过程性评价，利用多元评价形式及时追踪每个环节的评价，以促进学生的整体发展。

3. 开发本土性道德与法治课程资源

（1）开发校本课程资源。学校主体要明确道德与法治校本课程资源开发的具体要求和奖惩细则，鼓励和激励教师主体充分开发、有效利用各类课程资源，将自己的优质课件、测验习题和教学成果等上传至学校道德与法治课程资源库中，从各个视角逐渐扩充课程资源库，提升课程资源利用率，增加教师使用课程资源的有效性。除此之外，学校还可以就道德与法治这一学科选择某一教育主题开展各类学习活动，如诗朗诵、演讲赛、辩论赛及歌舞表演等，这样在激发学生学习兴趣和学习动机的同时，又能获取本校珍贵且特有的课程资源，为道德与法治课程的良好发展奠定条件和夯实基础。

（2）开发校外课程资源。校外课程资源是道德与法治课程资源的重要组成部分，它是学校利用除校内的一切周边有效资源对学生进行道德熏陶的重要环节。学校可以巧妙运用地方本土特有的特色资源，学校也可以选择性挑选实地教学场所，如图书馆、科技馆、公园以及博物馆等本土社会公共设施和场所，将其作为学生亲身体验、感受与学习的道德与法治课程的教学环境，丰富课堂教学形式，增加学生学习动机，激发学生学习兴趣。

（3）建设校际间课程资源共同体。校际间课程资源共同体是指两个或三个学校为实现道德与法治课程资源共建共享而互相联合起来组成一个团队，通过交流与合作，发挥优势，补齐短板，充分利用课程资源优化课程开发效果，从而促进道德与法治课程资源的丰富性、整合性和实效性。毋庸置疑，校际间课程资源共同体的建设工作，教育部等行政部门必须要做好各级各类学校的牵头工作，选择有共同特色和特点的学校，对其进行有效组织和管理。采用领导轮换制度，充分发挥民主管理，共同设定规范制度、相互交流讨论等，逐步加强校际间课程资源共同体正常有序运作的节奏和步伐。

第三节　中小学道德与法治教学中电影资源的应用

中小学阶段是落实立德树人根本任务的关键阶段，中小学道德与法治课程是中小学开展德育工作的基础性、关键性课程。因此挖掘体现社会主义核心价值观的优秀电影资源，创新中小学道德与法治课程开展形式，丰富内容呈现方式，有利于培养学生形成正确的世界观、人生观、价值观，推进立德树人根本任务的落实。

电影是一种以现代科学技术为手段，以画面和音响为媒介，通过在特定的银幕时空中创造出来的连续性影像表述世界的新型艺术样式。电影使物质现实的空间形式得以复原，从而人类具有了一种全新的感知世界的经验，获得了一种全新的影像思维方式。中小学道德与法治教学中的电影资源是指一切以电影形态呈现出来的、符合中小学生年龄阶段的身心发展规律、具有德育功能和教学价值、以教学资源身份应用于教学中为中小学道德与法治课程教学服务的资源。

一、电影资源的德育功能解析

（一）帮助学生塑造正确价值观

价值观是指学生稳定的、系统的、观念化的态度，是对各种荣辱利害观念及其带来的行为、动机的看法和评价。中小学道德与法治学科以社会主义核心价值观为指导，注重学生正确价值观的培养。电影资源是社会意识形态具体的表现形式之一，蕴含爱国、敬业、诚信、友善等社会主义核心价值观，是弘扬社会主义核心价值观的重要载体，对学生正确价值观、国家观、历史观、文化观等的形成和塑造起到积极作用，为学生的社会生活提供正确的价值指南。

学生学习的重要方式之一是模仿，优秀的电影资源所塑造的优秀、伟大的银幕形象，为学生提供良好的价值榜样，对学生的价值观念和价值行为进行正向引导。其中，优秀的学生电影资源传递的价值观符合学生的年龄特征，易于学生的理解，在观看过程中，学生潜移默化接受社会主流意识形态和主流价值观的熏陶，结合教师的引导，调整和校准价值观，逐渐转化为个体价值观。

（二）培养学生的良好道德

中小学道德与法治课程的核心是中小学生良好品德的形成。丰富的电影资源围绕爱国主义、家国情怀、民族自信、无私奉献、青春励志等为主题展开叙事，弘扬民族精神、时代精神、爱国精神、奉献精神、体育精神等，对学生进行正向的道德和精神引导。电影资源能够为学生创设具体的情节，使得抽象的道德品质和道德情感转化为具体的情境。通过形象化、直观化、动态化的电影资源展现出人物的行为动机、心理变化和故事情节的发生、发展、结局，调动学生的情感和意识，在体验与探究的过程中深化道德理解，内化学生的道德情感，外化学生的道德品质，促进学生基本道德的养成和良好人格的塑造，提高学生的道德认识和道德判断能力，指导学生社会生活的道德实践。

（三）促进学生的社会性发展

中小学道德与法治课程目标表明要及时丰富和充实教学内容，反映党和国家重大实践和理论创新成果。教学要密切联系社会生活和学生生活实际，用富有时代气息的鲜活内容。电影资源的类型多样、形式丰富、题材广泛，涉及学生社会生活的成长、家庭、学校、家乡、国家、世界等领域，包括成长、亲情、友情、梦想、爱国、奉献、自然、历史等类型的题材。通过电影资源呈现贴近学生生活的社会环境、社会活动、社会关系，创设一定的问题情境，为学生提供社会参与的机会。在思考与探究的过程中，加深学生对社会的认识、体验与感悟，丰富学生的社会经验，提高学生的社会适应能力，最终实现学生的社会性发展。

（四）塑造学生高尚的人格

电影资源将镜头画面、声音、色彩诸元素巧妙地编排组合，具有思想鲜明的主题和思想内核。相较于教师语言性的教学方法，在相同的时间内，电影资源能够为学生带来视觉和听觉、动态和静态、时间和空间的美的享受，更加关注学生的情感认知和生命成长，具有启迪心智，荡涤心灵、陶冶情操、培养审美的功能。

借助电影资源营造生动活泼的教学情境，发挥寓教于乐、以情促知的作用，传达奉献、奋斗、团结、乐观、大爱等高尚的品质，让学生受到真、善、美的熏陶。从精神层面感染学生，引起学生的情感共鸣，丰富学生对美的认知，提升审美情趣，形成正确的道德审美价值观，塑造高尚的人格。

二、电影资源在中小学道德与法治教学中的应用价值

（一）创新内容的呈现形式

中小学道德与法治是一门理论性强、综合性强的课程，对于中小学生而言，不仅内容

难理解，而且学习过程十分枯燥，如果课堂形式单调，则会导致学生注意力不集中，对课程失去兴趣。教师要充分挖掘社会资源，增强教学的活力。作为教学资源的电影资源，因其图、文、声并茂的特征，具有其他资源无法比拟的优势。"视频时代"的今天，电影资源深受学生青睐，成为学生娱乐生活的重要组成部分。在教学时选择与教学内容相匹配的电影资源，将教材中枯燥单调的文字内容转化为立体丰富的画面呈现给学生。充满趣味性、丰富性的呈现形式使得学生的视觉和听觉受到极大的冲击，吸引了学生的注意力，调动了学生的积极性和好奇心，激发学生的学习兴趣，提高学生的专注力，有利于增强中小学道德与法治课堂的吸引力，达到学生乐于学习、乐在其中的效果。

（二）增强课堂的学习体验

情境认知理论指出，学生的学习应当与一定的情境进行连接，这样才能够学到真正需要的知识。因此道德与法治教师应以学生的生活经验为基础，通过为学生创设真实性的情境，提供多样化的体验，丰富学生的生活经验。将电影资源应用于教学中，可以为学生营造与课程主题相符的、通俗易懂的、贴近学生实际生活的真实化的道德情境。同时，教师引导学生观察和体验情境，将已有的生活经验与新知识进行连接，探索问题的解决办法，获得深刻的道德感悟和真实的经验。借助电影资源，引导学生转变学习习惯和学习态度，由被动接受知识转为主动获取知识的学习方式，从而获得真实有效的生活化经验，能够在实际生活中恰当运用，达到将生活经验内化与外化，最终实现社会性发展的目标。

（三）丰富课堂的教学方式

中小学道德与法治教师可以将电影资源融合多种教学活动方式开展教学。例如在观看电影资源后，带领学生到现实生活中的场景开展实践活动，将理论与实践进行结合，加深学生对理论知识的理解，并掌握实践运用的方式方法。也可以将电影资源中的问题作为讨论的议题，以小组形式对学生开展合作学习，教师引导学生合理分工，平等交流，关注每一个学生，采用多主体、开放性的评价方式，有针对性地促进不同学生的道德发展和社会性发展，提高课堂教学的实效性。

三、电影资源在中小学道德与法治教学中的选取原则

（一）选取贴近课程目标的内容

视听内容必须与课程相结合，否则，视听媒体强大的影响力，容易产生在教学中盲目

使用的问题。电影资源的应用是为教学服务的，在选取电影资源时，要关注电影资源所呈现的道德知识、道德事例、人物特点和价值表达与教学目标的一致性，使得选取的电影资源与课程目标相适切。

中小学道德与法治课程的设计具有螺旋上升的特点，例如，小学三年级道德与法治课程内容是在一、二年级的基础上进行设计的，每节课的具体内容和教学目标是层层递进。教师作为信息建构的主导者，要努力挖掘电影资源中具有教学价值的片段，根据具体的单元主题和教学目标，选择相匹配的电影资源。

（二）选取符合学生特点的内容

首先，选取符合学生年龄特点的电影资源。思想政治教育接受主体的动力来源于接受主体的生存、发展和完善自我的各种需要。学生是电影资源的接受者，是道德教育的教育对象。电影资源要发挥德育功能，必须考虑接受者——中小学生的年龄特点。因此只有符合学生所处年龄阶段的身心发展规律、认知结构和思维特点的电影资源，才能引起他们的关注，调动品德学习的积极性。例如，动画电影采用特殊的人物造型、表现方式和艺术手段，具有鲜明的丰富性、生动性、夸张性、趣味性等艺术效果，符合学生身心发展特点，深受学生的喜爱。

其次，选取传递正确价值观的电影资源。中小学阶段是学生品德发展和价值观形成的关键时期，教师在选取电影资源时要保证电影内容所传递的价值观和态度是积极向上的。例如，教育部推荐全中学生推荐的优秀影片是经全国中小学生影视教育协调工作委员会组织专家评选审定，由教育部、文化和旅游部、中共中央宣传部等联合下发通知的。这些优秀影片经过精挑细选，包括人与自我、人与社会、人与自然等多类型题材，具有极高的教育价值，可供中小学道德与法治教师课堂应用电影提供资源选择。

最后，选取贴近中小学生的实际生活的电影资源。情境认知理论的核心思想为"情境"是进行有意义的学生的基础，这里的"情境"一定是真实的情境。学生的品德与社会性发展源于他们对生活的认识、体验和感悟。因此，要选取与中小学生的生活实际相联系的电影资源，让学生在真实化的情境中进行自我建构、获得道德发展。

四、电影资源在中小学道德与法治教学中的应用策略

（一）明确电影应用目的，提高课堂教学的实效性

第一，创设教学主题情境，实现趣味导入。视听兼具的电影资源是学生乐于、适于接

受的方式，具有增强课堂吸引力和趣味性的教学价值。但这并不意味教师只需要在上课伊始随意播放电影资源，调动学生的学习兴趣即可。在导入环节应用电影资源，中小学道德与法治教师应关注电影资源内容的趣味性、与教学主题的一致性。电影资源要通过教师的引导和提问，让学生明确本节课的学习目标和内容主题，调动学生与道德主题相关的道德情感。

第二，精准结合教学内容，加深道德认识。选取与教学内容契合的电影资源，不仅能够丰富教学内容，而且能够营造与教学内容相似的教学情境，让学生产生身临其境般的沉浸感和真实感，易于实现学生的道德内容的理解、道德情感的丰富、学习方法和能力的掌握。

第三，回顾总结教学内容，升华道德情感。中小学生的思维处在发展变化的重要时期，总结概括能力不强。位于"经验之塔"顶部的抽象经验，可以帮助学生快速获取更多系统性的知识。电影资源蕴含丰富的语言符号、音乐符号、色彩符号等，能够调动学生的情感和态度，促进学生思想品德的发展和正确价值观的形成。借助具备直观性、综合性的电影资源，能引导学生有效地对课程内容进行总结梳理，促进学生情感、态度和价值观的提升。学生的心理发展不成熟，已有认知不充足，需要教师对学生进行适时的引导和纠正，促进知识与能力的发展，形成正确的情感、态度和价值观。

（二）创新电影应用形式，提升教师的实施能力

第一，注重学生实践，开展活动教学。中小学道德与法治课程标准建议丰富学生实践体验，促进知行合一。不仅帮助学生学会某种操作方式、获得某种技能，而且学生在活动中获得的真实感受能够促进学生品德认识的形成和品德行为的转化。活动体验是指中小学道德与法治教师通过组织和引导学生参加实践性的活动，使学生从中获得亲身感悟和心理内化，从而深化认知、陶冶情操和增强能力的教学策略。

第二，关注学生情感，开展故事教学。故事教学是指通过故事开展的教学。既包括学生叙述自己的故事，也包括学生倾听、体验、讨论他人的故事。学生在理解道德问题时，通常采用的是一种人际的、情感的、想象的和像故事一样的方式。因此，故事教学是一种符合学生意义世界建构特点的重要教学策略。不论是听别人的故事还是叙述自己的故事，都是对故事内容赋予意义的过程，是道德认识和升华的过程。同时，通过故事创设情境，将抽象的概念和理论转化为具体、真实的故事情节与人物，调动学生的学习兴趣，结合学生叙述自己的故事，将知识与自己的生活实际进行结合。

（三）突出学生的主体地位，加强师生之间的互动

1. 教师树立"以学生为本"意识

中小学道德与法治教师在选取电影资源时，尽量选取贴近学生年龄和身心发展特点的人物或者故事作为示范榜样或者展示对象。学生是一个完整的个体，本身就是具有完整的人格和丰富个性，在我们教育的同时也应该充分给予学生完整的人格世界、丰富他们的思想和精神生活，给予学生全面表达自己个性的权利和自由。教师在进行课堂教学示范环节的过程中应该主动给学生留出发言或者表达自己看法观点的机会和时间，让他们能够在欣赏的基础上表达自己独特的见解，能够充分利用自己的所见、所闻、所学来解决问题，提高自己的能力。

中小学道德与法治课标实施建议部分提出教师要创建民主的课堂氛围。民主课堂是指能充分调动学生兴趣的、能使学生广泛参与、自主决定的民主的课堂学习模式。电影资源的综合性和多样性为学生提供丰富的观察经验，有利于不同程度的学生找到已有经验与观察经验、已有知识与新知识的"接连点"。在学生自主进行学习的过程中，学生具有个体差异性，其年龄特点、思维发展水平、认知水平和已有知识经验不同。因此，教师应当尊重学生的独特性和个性，鼓励学生大胆地表达自己的观点，分享自己的感受，同时，教师需要结合影片内容进行知识的讲解，降低获取观察经验的难度，为学生创设条件和提供支持，进行及时性、有针对性地引导。

中小学生的思维与成人之间存在着巨大的差异。因此，教师在选取和充分利用电影资源进行教学时，首先要坚持"以学生为本"的教育意识，在充分认识学生的兴趣爱好、学习动机状态，以及学习目标等方面的基础上，对于电影资源进行筛选和加工。

2. 加强教师与学生的沟通交流

电影资源在教学中的应用可以分为课前、课中和课后三个时间阶段。

课前，中小学道德与法治教师与学生的沟通交流，广泛征集学生对电影资源在教学中应用的态度和建议，了解学生喜爱的电影类型和教学方法。

课中，教师要把握学生的主体地位和电影资源的辅助地位，同时要向学生表明所学课程内容与电影资源之间的关系，全面准确地对其进行结合分析。情境认知理论和课程标准均要求学生在教师的指导下，通过学生主动发现问题、分析问题和解决问题，培养分析问题的思路和解决问题的能力。学生是教学活动的主体，是教学活动的学习者，是教师教育的对象和教学情境的体验者。并且，中小学是培养学习能力和学习习惯的最佳期和关键

期，教师需要树立现代学习观，尊重学生的主体地位，与学生积极进行沟通和互动，鼓励他们大胆尝试解决问题的方法，引导学生从被动学习转向主动学习。

课后，教师要关注学生道德的内化和外化，及时在日常学习和生活中对学生进行情感、价值观以及行为方式的指导。同时及时收集学生的反馈信息。教师可以采用谈话法，在课后及时与学生沟通交流，了解学生对电影资源的及电影资源在教学中应用的观点和意见，主要包括学生对电影资源选取是否满意、时长和影片质量是否合适、对影片的喜爱程度、对影片内涵的理解、观影后的情感变化、对电影资源开展教学的形式的接受程度等。还可以采用无记名的方式，向学生发放与电影教学相关的调查问卷或电影教学评价表等，让学生毫无顾忌说出对于电影资源和电影教学最真实的想法，获取具有真实性、有效性的观点和建议。

第四节　中小学道德与法治课教材插图的运用提升

随着社会各界对德育工作不断重视，家长和学生对于思想意识和道德观念等方面的教育也逐渐重视，在其心中的地位也在逐步提升。道德与法治课是学校专门实施德育的课程，国家对于该课的重视程度可见一斑。以德育为主要目的中小学道德与法治课，在学生学习生活和社会生活中具有重要作用。中小学道德与法治课与学生世界观的树立、人生观和价值观的形成和爱国主义思想的培养有关。同时，也是培养热爱生活、知荣辱的优秀接班人的重要途径。

一、中小学道德与法治课教材插图的特点

中小学道德与法治课教材插图的特点是指其所具有的独有的、独特的地方。插图虽不是学生学习的重点，但对师生传递的信息会有潜移默化的影响。了解中小学道德与法治课教材插图具有的特点，可以更好地帮助教师本身和学生掌握课程内容。中小学道德与法治课教材插图具有以下特点。

（一）从属性与独立性相结合

中小学道德与法治课教材插图的从属性是指插图对教材的内容、文字、主题等具有依赖性，并受其限制。

教材插图从属性决定了插图要配合课本内容，符合教材插图辅助性功能的要求。中小

学道德与法治课教材插图的独立性是指它具有自己的独特性，有自己的个性与思想。虽然会受一些外界因素的影响，但仍保持自己的独特性。

现代插图是画家自主性的表达所要表达的信息，而不是像以前那样是衬托文字的绿叶。所以，教材中存在的每幅插图都有自己的意义和作用。

教材插图的从属性与独立性是相互影响的。如果只注意从属性，插图就只能发挥辅助说明的作用，忽视其固有的特点；只注意独立性，则会导致插图追求特立独行而失去在教材中的意义，与整体内容格格不入。中小学道德与法治课教材插图将两者有效融合，既有从属性又有独立性，二者相互影响、相互促进。在插图的类型中，漫画、实物图、照片、故事图、历史图等都具有这样的特点。

（二）表意性与启发性相结合

教材插图的功能有很多，但辅助正文、帮助教学、传递信息、表达文本意思与意境是其首要作用。

中小学道德与法治课教材插图具有帮助师生解读知识、提供真实的知识图鉴的功能，并且相对于文字的抽象，插图更具有可以直观形象的传达知识、表达意境的作用。所以，明确的插图主题、通畅的信息传递、广泛的影响面积等都可以有效地将知识传达到师生脑海，表达正确的文本意义。利于直接传授文本信息，节省时间，提高效率。

中小学道德与法治课教材插图在具有表意性的同时也具有启发性。插图虽然不是学生必须要掌握的内容，但可以辅助教学，启发学生思维，激发学生想象力，提高学生课堂参与度。比如在课堂上利用插图提出一些与插图相关的问题让学生思考与讨论，培养学生的思维能力和探究能力。插图类型之一——引导图，在启发性这一层面发挥着主要作用。插图的启发性可以激发学生兴趣，更利于学生创造力的培养。

表意性和启发性是相互影响的。没有表意性，启发性则会空有其表，缺乏内涵；没有启发性，表意性则会枯燥无味，犹如白水。在中小学道德与法治课教材插图的类型中，引导图、漫画、思维导图、示意图、生活情境图等都具有这样的特点。

（三）直观性与知识性相结合

直观性指的是选取的插图简单易懂，这一特点也符合学生此阶段的认知水平。中小学道德与法治课教材利用简单、有趣、易懂、直观的图像吸引学生，将学生的目光锁定在教材中。但仅仅具有直观性不足以帮助学生树立正确的价值观，完成培育承担起中华民族伟大复兴大任的有志学生的目标，也不能成功的辅助正文完成重难点的任务，所以插图需要具有一定的知识性，辅助正文向学生展示重点内容。将直观性与知识性相结合，这样既可以吸引学生的目光，又可以辅助正文完成教学与学习任务，引导学生强化正确认识，培养学生优秀人格。

直观性与知识性是相互依赖、相互影响的。光有知识性，而把插图设计得复杂难懂，对于学生学习来说也没有帮助；只有直观性，没有知识，则失去了在教材中存在的意义，空有娱乐。

综上所述，中小学道德与法治课教材插图具有直观性和知识性相结合的特点。

（四）丰富性与系统性相结合

中小学道德与法治课教材插图在类型、色彩、数量等方面具有一定的丰富性。首先，色彩丰富。中小学道德与法治教材插图几乎都是彩色的，彩色图的数量占到全套书的绝大部分，这一编排符合学生年龄阶段的认知特点和色彩心理学的研究。其次，类型丰富。通过对插图类型的整理，它具有漫画图、生活情境图、引导图、故事图等多种类型的图片，力求满足不同喜好、个性的学生。最后，数量丰富。插图的数量很大，虽然受分类、主观等因素的影响可能有所误差，但是也可以证明中小学道德与法治课教材插图数量丰富。

教材插图在具备丰富性的同时还具备系统性的特点。在中小学时期，学生的思维、逻辑体系、视觉等还处于具体运算阶段，没有发展成熟，系统性的插图会帮助学生建立初步的逻辑体系，思维更加清晰，学生会更感兴趣。系统性主要体现在教材插图的整体排列方式方面和上下图的联系方面。例如在小学一年级的插图中，采取的插图都是比较稚嫩的面孔，但在小学六年级的插图中，插图采取的面孔则比较青春，体现了在插图绘画人物方面的系统性。

综上所述，中小学道德与法治插图具有从属性与独立性相结合、表意性与启发性相结合、直观性与知识性相结合、丰富性与系统性相结合的特点。了解掌握中小学道德与法治课教材插图的特点有利于教师更好地利用插图教学，提高教学效率和学生对插图的重视程度。

二、中小学道德与法治课教材插图运用的建议

教材作为学生学习的主要资源，教师要加以重视并提高运用能力。插图作为教材的组成部分，能够灵活运用是教师专业能力的体现，教师也越来越重视依据学生实际来进行教学。提升对插图的运用效能对于教师高质量、高水准、高效率地开展插图教学具有重要意义。

（一）提高插图对学生的吸引力

1. 优化教材插图类型和数量，激发学生学习兴趣

受教育者与教育内容的矛盾可以由教育者这一教育要素来缓解，教师要有责任地优化插图的类型和数量，使其满足不同学生需求。

（1）选取学生喜爱的插图，优化插图类型。经调查发现，漫画、故事图、生活情境图、历史图是排名靠前的四种最受学生喜爱的插图。在教学中要恰当地选择这类插图，激发学生兴趣。

一方面，选取漫画和故事图。漫画和故事图色彩丰富、可爱多样，易刺激学生神经系统，激发学生对其进行关注，进而将学生目光引入课本。尤其在小学阶段，教师需要加强对此类插图的合理运用。小学阶段的学生处于需要具体化、形象化的事物来激发兴趣的时期，这一特点衬托着插图愈发重要。而且小学时期的学生的知识经验大多来源于生活。根据最近发展区原理，新知识与旧的知识经验之间需要一座桥梁，帮助学生更快更轻松地接受新知。教材插图作为连接旧知识与新知识的中介之一，具有同时具备新旧两类知识和既符合学生原有的知识经验又可以帮助学生理解新知识的功能，所以要有选择地运用漫画、故事图这类插图。

另一方面，利用生活情境类和历史类插图。随着学生成熟程度的逐步提高，如果还是一味地采用大量可爱、丰富的手绘类插图，拒绝使用真实类插图从而脱离生活实际会让学生对教材失去兴趣，甚至对本门课的教学造成负面影响。所以教师在面对过多的手绘性插图时要有选择地进行替换，采用学生喜欢的生活情境类、历史类插图。这样一来，既提高了学生对道德与法治课的兴趣又优化了插图类型，形成积极影响。所以在课前准备时，要有意识地注意插图类型的优化。虽然我们倡导教师要尊重学生的个性，但也要从整体出发，关注每位学生，综合培养学生的各项素养。

（2）优化插图类型的数量。插图数量的优化在满足学生差异性方面发挥一定作用。在调查统计发现存在有的学生喜欢数量占比小的类型插图的情况，所以教师在运用插图时要有选择地根据内容和现实情况采用插图的类型，适当地优化插图类型的数量。如果有过多地受学生喜爱的插图，易转移学生注意，所以教师要优化各类插图类型的数量，避免插图过多引起分散学生注意力情况的出现。教师可以选择思维导图和示意图这类锻炼学生思维的插图进行优化。

总之，在面对插图类型和数量不合适的问题时，教师在教学时要注意观察学生的反应，在下节课前对插图进行调整，选择学生感兴趣的插图，帮助不同兴趣的学生找到自己

感兴趣的插图，因材施教，满足个体差异性，以此达到优化插图类型和数量的作用。

2. 选取时效性强的插图，拉近学生距离

拉近教材与学生之间的距离是有效解决两者矛盾的重要举措，如何拉近是教师迫切需要解决的问题。随着网络的迅速普及和学生生活经历的逐渐丰富，学生的个性化日益明显。

伴随着学生视野的逐步开阔，过时的、传统的插图对于学生难以起到激发好奇心的作用，导致拉近学生距离困难。反而是一些与生活相关的、实物类的、符合现代社会的等时效性强的插图担负起拉近教材与学生距离的重任。所以教师在备课时要有选择性地剔除过时插图，选择时效性强的插图，激发学生好奇心，引起学生注意。还可以采取师生合作的方式来选择插图。在重视核心素养培养的背景下，学生的作业已经不局限于书面作业，实践类作业也广泛进入学生视野。所以可以让学生自行通过网络或者其他途径搜集插图，进而锻炼收集信息的能力。

当今时代是一个网络盛行的时代，时刻影响着教育和学习的方式。它不仅使得学生获得了课外知识，还为课内知识做了补充，使知识内容更具体、更丰富。所以，对学生展示的插图要与时俱进，紧跟学生思想。这种现状的发生足以证明我们对教材插图进行改革和创新的急切性。如今，插图已经不仅仅起着诠释文本的作用了，它的独特性使其开始发挥自己的魅力，表达现实中的生活。因此，教师要及时对知识进行更新，紧跟时代步伐，补充时效性强的插图，才能与学生打成一片，形成双赢。

（二）提高学生对教材插图的重视和解图能力

学生作为独立的、发展的人，在提高教师运用中小学道德与法治课教材插图的效率方面起着至关重要的作用。如何从学生出发，培养学生对插图的重视和解图能力，是一个值得探索的问题。

1. 提高学生对插图的重视

在教学活动中，部分学生受到灌输性教学和应试教育的长期影响，导致学生对于插图的重视性认知不足，出现对插图乱涂乱画，甚至看不懂插图的现象。为了改善这一现状，教师应当增加学生参与插图的分析环节，在分析过程中渗透插图的重要性并强调插图存在的意义。

（1）增加学生参与插图的分析环节。在讲解插图时，教师应先让学生进行思考，之后请同学分享自己的想法，并对插图进行分析与讲解，增加学生对插图的关注度。还可以安排学生分组讨论，在合作竞争的环境中帮助他们改善对插图不重视的情况。

（2）帮助学生理解插图存在的意义。中小学道德与法治课程作为一门德育课程，不仅要传授知识还要进行德育教育。教材中的插图是充分发挥该课德育功能的重要工具和载体。插图作为一种图像化，可以传播为人处世的道理。所以教师在讲授插图时会不知不觉地影响学生的思想和行为。教师可以采用先讲文本再讲插图的方式授课或者在讲解插图时着重强调插图的作用和意义。

2. 引导学生形成自主读图能力

学会读图、分析图中所隐含的信息，已然成为学生掌握知识、促进品德发展的重要所在，也是实现当前中小学道德与法治课程培养目标的重要手段。

（1）教授学生读图技巧，帮助学生掌握读图方法。教师在教授教材插图时提醒学生注意观察插图，从整体到部分，从外表到内涵逐步进行观察，形成读图技巧，掌握读图方法，从而为下一步正式读图打下基础。"读思达"教学法是学生教材学习的基本范式和主要变式，可以将其运用在插图教学中，培养学生自主读图能力。基于此，读图技巧也可分为以下三个环节：

第一，"读"。中小学生在读图时关注点不集中，找不着切入点，有序读图是帮助他们找准切入点的一个基本方式，更容易被其接受。还可以有选择读图，中小学道德与法治课教材插图具有直观性，简单易懂。但同时会存在一些装饰性、趣味性强的插图，这些插图会对阅读造成干扰，那么学生在阅读插图就可以选择有价值的插图进行阅读，从而获取信息，有效读图。

第二，"思"。中小学道德与法治课教材中的生活情境类、思维导图等类型的插图，大多都比较灵活。当学生初步掌握阅读插图的方法后，教师可以引导学生从集中性阅读转向分散性阅读，鼓励学生灵活思考并发现问题。

第三，"达"。在访谈中了解到教师在讲述插图时会提问学生插图讲述了什么内容，让学生描述插图内容。这样的举措可以提高学生的表达能力、集中注意力、提高思维和学习主动性。

教授读图方法，培养学生的读图能力，可以减少教师解释图片的时间。还有利于学生自主掌握基础知识，逐步形成自学能力，提高自身思维水平，加强与同学的互动，是培养学生综合素养的手段之一。若学生没有一定的读图能力，自身面对插图时便不能及时地吸取有效知识。所以学生在面对内容丰富、形态多样的图片时，应该仔细观察，获得相关信息，深入分析。这样学生才可以获取相关知识，进而转化为学生内在认知。

（2）鼓励学生，强化学生读图热情。在学生表达完自己对于一幅图的想法时，要及时夸奖学生，给予学生奖励，激发学生读图热情，培养学生读图情感。

根据强化理论，对学生进行正强化的方式之一就是在学生做了一件正确的事情后及时给予积极的反馈，从而对学生的积极行为进行强化。这样一来，该行为便会逐步内化为学生自身行为，且不易消退。情感是在整个教学过程中比较难实现又重要的部分，所以要通过引导、奖励等外部鼓励指导的方式来逐步强化和培养学生读图情感，将外部动力转化为内部动力。

激发学生的读图热情对于培养并提高学生的读图能力、理解教学内容、解决相关问题等具有重要作用。因此，教师在运用教材插图时也要注意学生读图能力的锻炼，激发读图热情，帮助其掌握一定的学习方法。

（三）提高教师应用插图的水平

在新课改的背景下，部分教师开始追求大量技术的运用而忽略了基本的专业能力。中小学道德与法治课教材插图作为教材的组成要素，教师要从了解教材插图的背景、对插图的运用、反思三个层面依次进行，这样一来，教师可以准确找到切入点，充分利用教材插图资源，提高应用水平，为学生服务。

1. 课前充分了解学生与教材插图

上好一堂课的首要环节是备好课，要运用好教材插图就要在备课环节充分了解学生和教材插图，具有对学生和插图的正确认知。

（1）联系学生进行插图教学，完成知识目标。知己知彼方能百战不殆，只有充分了解学生，摸透学生的个性和心理，才能更好地因材施教，挖掘潜能，培养专业化人才。教育的落脚点是学生，而学生时期是人一生当中对人、事、物等接受最强的时候。从刚入校懵懂的小学生到中学生，学生的认知水平和逻辑思维不断进步。据此而言，选择与学生认知、思维相匹配的插图进行教学才能更好地完成知识目标。

首先，联系学生个人实际。每个人都只能基于自己的经验去建构他的道德生活。据此，教师必须根据学生的个体经验、学习和思维方式、思想现状等选择插图的类型，对学生进行因势利导、因材施教。

其次，联系学生生活实际。让学生获得生活所需的知识、能力和价值观是教育的最终目标，而这一目标主要是为了帮助学生更好地在社会生活中生活，所以要选择与学生生活实际联系密切的插图进行教学。根据本人自身学校生活经历，学校会存在其他省份或者少数民族的学生借读的情况，由于这类学生与当地的生活和学习环境不同，所形成的生活习惯也会有所不同。因此，在使用插图时，需要考虑地域差异，尽可能地选择与学生生活相近的插图。

　　教师在上课前必须充分了解学情，选择学生可以看懂的插图，解决矛盾，避免冲突，行使插图的辅助作用，帮助完成知识目标。

　　（2）了解教材插图背景知识，完成情感目标。教师作为传授道理、教授作业、解答疑惑的专业人员，想要讲好一节课，就要充分了解教材内容的组成部分和各部分的作用等才能更好地让教材为己所用，而不是沦为教材的奴隶。所以，深入探索教材中的要素对于更好地完成教学任务起着重要作用。

　　了解插图的来源、目的、作用等可以在上课时使课堂更加丰富。尤其是在面对有关国家制度、公民权利等内容时，这类知识点往往插入的是真实性的图片，面对这类插图更要了解插图的背景知识，以便应对学生的突然发问。

　　所以，虽然插图是作为一种辅助性的内容存在，但在中小学道德与法治课教材中占比较重，不能仅仅将它作为一种辅助性的工具来看，也要认真研读它的背景知识，找出插图存在的价值，帮助学生形成诚实可靠、文明礼貌等行为习惯，以此利用插图来完成情感态度价值观目标。

　　2. 课中采用多样化方法

　　在当下教育大背景下，多样化的教学方法为教师教学提供了手段。中小学道德与法治课教师不光要自身专业素质过关，还要学会合理利用教学方法进行教材插图教学。对于插图的有效教学，可以采取以下方法：

　　（1）运用读书指导法指导学生有意识地阅读插图。该方法是指教师指导学生通过阅读获得知识和自学能力的方法，可以分为提出目的、教会使用工具书、指导阅读、逐步形成阅读方法四个步骤。

　　首先，提出目的。中小学生的认知发展不成熟，自觉性和自制力较低，所以中小学道德与法治课教师在利用插图进行课堂教学时可以先对学生提出阅读插图的目的，让学生有指向性、有意识地阅读插图。

　　其次，教会学生使用工具书，这里的工具书指的就是中小学道德与法治课本。教师可以有针对性地指导学生按照自己喜欢的方式使用道德与法治课本，进行插图的阅读，因材施教。

　　再次，指导学生阅读。在学生自主阅读教材插图时，教师可以轻声询问学生有哪些问题，对其进行解答，提高学生阅读插图的效率，进行针对性指导阅读。

　　最后，通过确定阅读目的、教授使用教材插图的方式和指导阅读，学生可以逐步形成阅读方法，按照自己的方式有意识地阅读教材插图。

利用读书指导法的时候融合讲授法，采用俏皮可爱、温柔大方的语气进行讲授，会对教学效果有加成作用。教师使用阅读指导法可以通过系统有序的步骤有利于拉近与学生的距离，引导学生有意识地阅读插图。

（2）运用演示法演示插图直观表达知识。演示法是中小学普遍使用的教学方法，它可分为明确演示目的、做好演示准备；引导学生集中注意力、利用多种感官进行感知；引导学生分析观察结果并得出结论三个步骤。

首先，阐明演示目的并做演示准备。课本中的插图和教师自行准备的插图可以适当地在多媒体设备上进行演示，但在演示之前要看与教学目标、教学内容、本班学情和教学环境是否适合。为演示做好充分准备，避免出现错误。而且在进行演示前要先提出问题，让学生带着问题进行观看，更有利于集中学生注意力，领会插图的魅力。

其次，在演示过程中引导学生集中注意力、调动多种感官进行配合。教师在演示过程中可以采用肢体或者口头语言等方式让学生将注意力集中在演示的插图上。还可以通过明确目的、提出问题让学生视觉和听觉并用，感觉与知觉相结合，利用多种感官对插图进行感知。

最后，让学生讨论或分析所看到的插图，得出结论。教师可以通过提出目的与问题，引导学生思考等来促使学生对插图进行分析，从而得出结论。在访谈中了解到，大多教师会采用多媒体方式进行教学，通过展示插图来帮助学生理解教材内容，形成知识体系。演示法可以让教材中的插图"动"起来，更容易吸引学生注意和理解知识，直观性更强。

（3）运用情境教学法，让插图"活"起来。情境教学法作为一种常用的教学方法，可以分为创设情境、体验情境、交流探讨和得出结论四个步骤。

首先，创设情境。教师可以采用语言或者情境剧的形式来创设情境。比如在"交朋友"这一故事图中，教师可以绘声绘色地将小动物们的对话表达出来也可以安排同学进行角色扮演将故事演绎出来，"活"的插图更有利于激发学生兴趣，增强课堂吸引力。

其次，体验情境。学生在教师利用语言或者邀请学生进行表演时可以体会插图要表达的情感，比起文字更加灵活和直接。

最后，交流探讨、得出结论。教师可以在进行完插图情境演绎后安排学生对情境演绎的插图内容进行讨论，锻炼学生的思维、交际与语言表达能力，之后得出结论。

需要注意的是，教学方式有很多，需要根据班级学生的情况来决定采取哪种方法，而且各类方法都需要与讲授法有机结合，保证教学计划的有序完成。

3. 课后完善教学评价

教学评价是教学过程中不可或缺的一环，在提高教师素养和教学技能等方面具有不可忽视的作用。所以，教师就运用插图时产生的问题要及时进行反思和评价。具体可以从以下方面进行：

（1）邀请学生进行评价。可以通过发送问卷、谈话的方式询问学生对于插图运用有什么问题和建议，针对学生的有效意见进行改正。这一举措有利于学生提出自己的疑惑，发挥主体地位，形成民主氛围，提高运用插图的能力，促进教学效率。

（2）进行自我评价和反思。在读图时代，图片的使用频率大大增加，有效地运用插图是辅助教学和提高学生兴趣的重要方式。反思自己在运用插图时解释得是否合理，插图的使用是否合适，学生的反应能否达到预期，是否需要对插图进行补充了解，是否充分发挥插图的辅助和其他作用等，这些对于今后插图的运用和教师生涯具有重大意义。

（3）邀请同事进行评价。教师邀请同事进行评价，可以获得更全面、客观的反馈，从而提升自己的教学水平。同事之间可以相互分享经验、交流教学方法，促进共同进步，从而更好地服务学生的学习需求。

（四）提高学校对插图的重视

1. 加强学校领导对教材插图的认识

根据实践与认识的辩证关系原理，正确的认识对于实践起着促进作用。面对一些学校不组织关于教材插图的教研活动的现象，学校领导班子作为学校工作的中枢，要在强化插图作用的认识、教材插图研究和重视程度方面起统帅、指挥和模范作用，优化教师插图实践能力。教师处于学校之中，学校的风气、氛围等因素不光会影响到学生还会影响到教师。所以学校领导积极加强与重视对于教材插图的教学研究对于教师更好地运用教材插图有利无害。

（1）树立学生正确观念是中小学教学的目标之一。作为实现该目标途径之一的道德与法治课，自然要对其重要组成部分的插图有正确的认识。学校要主动对接学校主流媒体，比如校广播站等，利用校广播站形成立体传播格局，推动形成"学校—教师—学生"体系，努力形成学校整体对插图教学研究的认知氛围，形成良性循环。

（2）重视道德与法治课教师。正视中小学道德与法治课教师的作用和地位，要加强对该科教师的重视和培养。学校由于对道德与法治课不重视，导致了对于该课教师也不重视，也会因为人员或者资金的原因让道德与法治课教师身兼数职。教师意识到学校对其不重视，就会对自己教授的课程不重视，教师的态度影响学生，周而复始形成恶性循环，最终受到损害的还是学生。所以学校领导作为学校的引导者，要积极地对中小学道德与法治课教材插图进行研究，形成正确的认知，形成良性反应。

2. 建设专业化中小学道德与法治课教师队伍

建设一支高素质、专业化、创新型的教师队伍对于提高教学质量具有重要意义。面对中小学道德与法治课，也要充分考虑道德与法治课教师的配备，按照需求和实际情况配备教师。据此而言，面对中小学道德与法治课教师教授除了道德与法治课还有其他一门甚至多门课程的现象，学校要培养专业化的教师和专业化教师队伍。专业的教师与队伍是有效运用中小学道德与法治课教材插图的前提，是大势所趋。针对新老教师存在不同情况，专业道德与法治课教师队伍可以从岗前和岗中两方面进行建设。

（1）在岗前进行培训，培养对插图的重视程度。

第一，强化插图育人意识。教书育人是教师主要职责，在培训过程中提高道德与法治课教师利用插图来育人的能力，强化育人意识是主要任务之一。虽然新教师处于教师生涯的起步阶段，但学校可以采取开展教师座谈会、教研小组交流、组织师生互动的方式来帮助提高新教师利用插图进行育人的意识。

第二，树立参照点。在培训时请老教师进行插图运用的示范，帮助新教师树立参照点，帮助新教师顺利开展教学工作。还可以请优秀的美术教师来讲述插图在培养审美等方面的效用，认识插图效用，提高运用技能，培养学生审美。在岗前对教师进行插图的培训，有利于教师在初始阶段就树立插图的重要性意识，提高重视程度，为以后插图教学打下思想基础。

（2）在岗中运用培训理论，培养实践能力。实践能力是教师进行理论验证的重要途径，也是教师教学技能的主要表现。

第一，明确培养目标，打造精英团队。围绕着"目标树立、理论精讲、精英带领、评价修正"等环节切实打造道德与法治课骨干精英团队，创造性运用教材插图。

第二，学校可以开展"新老教师帮扶"活动，在经验丰富的教师的指导下，使得年轻教师逐渐合理地使用插图进行教学。还可以安排骨干教师开讲座，指导年轻教师将插图价值充分发挥。

第三，校领导及同一级教师可随时进入课堂听课。实地考察教师运用插图的水平，并进行记录，及时指出存在的问题。采用针对性举措提高教师对插图的认识，加强整改，形成实践、评价、指导、总结一体化的形式。并且强化激励作用，将插图运用列入评价"优秀教师队伍""精英团队""个人标兵"等荣誉称号的指标之一，将结果评价与增值评价相结合，培养教师的专业能力和增强教师的荣誉感和信任感。通过各项措施活动，打造优秀专业化道法课教师队伍，有效运用教材插图，提高运用能力。

学校要在坚持社会主义核心价值观基础上，大力构建积极向上、团结和谐、特色鲜明的插图教学文化。校领导要合理认知插图，发挥引领作用。同时坚持推动教师交流，构建教师队伍，强化带动作用，在运用插图方面发挥积极作用。

第五章　传统文化在中小学道德与法治教学中应用的背景

第一节　传统文化在中小学道德与法治教学中应用的价值

中国传统文化是中小学道德与法治教学的重要素材，为中小学道德与法治教育注入养分，两者在育人方面互为补充，将两者进行融合具有深刻的现实意义。"将中华优秀传统文化中的经典案例、文化资料、民族精神融入初中道德与法治教学，以多种方式将其转化为形象生动的课程语言，能够丰富学生认知、提升学生内在修养，促进学生形成健康向上的价值观、完整系统的认知体系，培养学生积极乐观的心理，树立正确的人生目标和价值追求。"[①]

一、提高学生的综合素养

中华优秀传统文化的融入对提高学生个人的人文素养意义非凡。传统文化中涉及文学知识、传统艺术、天文、科技、语言、风俗习惯、哲学思想等内容。在道德与法治课程中运用这些素材开展教学活动，让学生了解学习这些知识，有利于学生积累文学知识、提升文学素养。在学习过程中，学生能在课堂教学和课后作业间接了解一些比较零碎的传统文化知识，一定程度上可以增加学生的人文素养，拓展学生的知识面。

例如，从教材的探究与分享出现的名言、图片等中来了解学习传统文化的基本类型和一些基本知识，如体会唐诗宋词之美、了解古代四大发明、儒道释的思想主张、传统艺术作品、传统建筑文化、传统民风民俗等，还可以培养学生用历史的眼光看待问题。学生接受传统文化教育的过程，也是"以文育人"的一个体现。

传统文化的融入还有利于加强学生爱国主义教育。一方面，教师可以通过榜样教育法和情景教育法等培养学生的爱国情感，激发学生树立报国之志。通过接受系统的道德与法

---

① 杨祥瑞. 传承中华优秀传统文化教学策略［J］. 中学政治教学参考，2023（26）：69.

治教育、传统文化教育，学生们可以感受到个人与国家的关系，个人学习文化知识与国家建设的关系，感受到一些历史人物、先进人物对国家作出的重要贡献等。学生在不断学习和成长中提高文化自信和文化自觉，能不断增强对中华文化的认同，对党和国家的认同。另一方面，有助于引导学生从身边做起，从小事做起，践爱国之行。在耳濡目染中学习传统基本知识，发现其中的思想性、趣味性，主动参加优秀传统文化的各类活动之中，在实践中继承和传承传统艺术，学习传统文化中优秀的道德品质、人物精神，还有利于学生民族精神的培育。

二、促进思想政治教学的改革

一方面，在中小学道德与法治教学中融入传统文化，有助于推进道德与法治课程改革的步伐，有助于提升该课程教学之后达到的结果的有效性。优秀传统文化中包含大量有趣的形式多样的内涵丰富的内容，融入教学中能增添课程的人文性、趣味性和思想性。在教学过程中将传统文化素材结合本课教学目标进行有机融入，在讲授新课的过程中引用传统文化的相关案例或者故事，结合本节知识点进行讲解，有利于营造一个比较好的课堂环境，保持学生的注意力和学习兴趣。这也有利于教师探索教学新模式，推动道德与法治课的改革步伐。

另一方面，优秀传统文化体系庞杂，类型多样，以多种形式渗透在各个学科之中。其内容主要分布在语文、历史、艺术和道德与法治教材或教学之中。中小学道德与法治课中融入传统文化，可以间接将道德与法治同语文、历史等科目联系起来，从而推进道德与法治的创新发展、跨学科发展。

除此之外，在小学阶段的道德与法治课中，学生就开始接触学习了部分传统文化；在初中阶段的道德与法治中，其融入使得学生进一步接受传统文化教育，既是传统文化教育的深化，也是构建中小学思政一体化的需要和具体实践。

三、丰富学校德育内涵与资源

传统文化是中小学德育的重要内容，将其融入中小学道德与法治课堂有利于将传统文化全面融入校园、融入课堂，有利于丰富学校的德育内容和内涵。

一方面，优秀传统文化本身蕴含了丰富的德育资源，如尊老爱幼、诚实守信等。在道德与法治教学中，教师可以下意识地利用与课堂联系紧密的传统文化对学生进行道德教育，既进行了传统文化教育，又进行了青少年德育教育。这在一定程度上使学校的德育内容更加丰富多彩，还能提高学校德育的质量，丰富德育的内涵。

另一方面，优秀传统文化可以以一种隐性教育的方式蕴藏在校园环境之中，如涉及传统文化的校风、班风、校训等内容，教师可以在道德与法治课堂中对这些文化适当讲解，既传播学习了优秀传统文化，又潜在地促进学生的德育教育。

第二节　传统文化在中小学道德与法治教学中应用的可行性

一、育人体系的关联性

（一）育人内容具有契合性

中小学道德与法治教学与优秀传统文化在育人内容方面存有诸多契合之处。以初中道德与法治为例，优秀传统文化传承了丰富的德育思想、公民意识等内容，具有丰富的内核，这为道德与法治课教学提供了不朽的教学资源。中学道德与法治课教学内容综合了道德伦理、法律常识、国际国情、心理常识这四大板块的知识。具体而言，是按照个人（我）到学校、社会、国家、国际这一逻辑展开，形成个人、他人与集体、国家国际与社会这几大板块。因此，在育人内容方面，多处行文融入了优秀传统文化的思想内核，具体分为以下方面：

1. 个人板块

教学内容的个人板块涉及对学生生命个体的成长思考，包括成长中的品德养成、生命思考等方面的内容，优秀传统文化在这些方面都有可借鉴、引入之处。在品德养成方面，如"慎思明辨""君子慎其独也"等，表明个人成长中要严格遵守道德准则，规范自我行为。这些都是对学生的个人成长有益的道德思想。在生命思考方面，如"天地之性，人为贵。"表明生命可贵，激励学生在成长中奋斗，增加生命的价值。将这些具有道德思想的优秀传统文化内容融入中小学道德与法治课的教学中，不但可以优化教学的知识结构，而且能够提升学生的人格素养，实现自我发展和个人成长。

2. 他人与集体板块

教学内容的他人与集体板块涉及与同学朋友、与教师家人的人际交往等方面的内容，而优秀传统文化中关于人际交往方面的内容也颇多。在与同学朋友交往方面，如"志不同不相为友"思想，就阐明了应该交什么样的朋友，这对学生体会友谊的澄清有重要帮助，也强调在集体中同学朋友要相互接纳、包容、帮助。在与教师交往方面，在优秀传统文化中一直提倡尊师重道的思想。如韩愈之所著《师说》表明学生对教师的态度应该为尊重、尊敬师长，即"师之所存，道之所存"与"尊道必贵师"。在与家人交往方面，在中华传统文化中对于家庭的教化内容很多，但必须完全抛弃那些无法与时代相契合的内容，学习优秀传统文化的家庭观。如"兄弟不睦，则子侄不爱；子侄不爱，则群众疏薄"，强调兄弟姐妹之间，要友好相处，相亲相爱。在这些方面，中小学道德与法治课与优秀传统文化都有类似的教育内容。

3. 国家与社会板块

教学内容的国家与社会板块涉及法治意识、社会规则、国家发展、国家利益等方面的内容，优秀传统文化也蕴含着其中的部分内容。①高扬法律的旗杆，给学生普及法律知识，引导他们树立法治意识。在优秀传统文化中，有很多涉及法治的内容，如《禹刑》便是我国第一个王朝制定的法律。②倡导学生要有规则意识，遵守社会秩序。如"梨虽无主，我心有主"的故事，阐述了个人他律与自律意识的养成，要自觉遵守社会规则。③培养学生的公民责任意识。优秀传统文化一贯倡导"天下兴亡，匹夫有责"的责任感。④倡导"来而不往非礼也"的坚决维护国家利益的安全观，这与中小学道德与法治课的内容大致相当，思想基本相同。

4. 国际世界板块

教学内容的国际世界板块涉及全球化、人类命运共同体、中国世界共发展等方面的内容。①在全球化方面，中小学道德与法治课帮助学生理解实现了政治、经济与文化等多层次的全球化，《孟子》中"物之不齐，物之情也"，也正是阐明要尊重文化的多样性，开放包容多元文化。②在人类命运共同体方面，优秀传统文化一贯倡导"天下为公"的价值观、"四海之内皆兄弟"的义利观与"和而不同"的交往发展观等，都为道德与法治课的教学提供了参考借鉴。③在中国与世界共发展方面，中小学道德与法治课指出要抓住机遇，勇于挑战，实现合作共赢。

由此可见，正是由于优秀传统文化同中小学道德与法治课教学在内容方面存在着众多精神价值的契合之处，才为融入提供了前提条件。

（二）育人目标具有贯通性

当今世界，面对社会对个人的道德素质、能力等多方面的巨大挑战，要求在中小学道德与法治课的帮助与引导下，从学生的个人发展中，实现自我思想、道德、文化、纪律等多方面成长进步，具备道德品质、健康心理、法律意识和公民意识，为成为社会主义合格公民奠定基础。由此，可以将育人目标归纳为两个层面：一是要培养学生习得良好的道德观念，使学生养成正确的三观；二是要培养学生的公民意识，使学生未来成为合格的社会公民。优秀传统文化所强调个人发展的德行修养、爱国精神、责任担当等思想均同中小学道德与法治课的育人目标相通。

1. 相同的德育目标

中小学道德与法治课作为德育的主阵地，最鲜明的学科特点就是德育性。即对学生开展德育工作，寄希望学生在良好的道德氛围中养成诚信、友爱、文明有礼等品质，培养出具有道德的人才。而优秀传统文化蕴含着丰富的德育思想，强调对个人道德素养的教化与培养，尤为重视个人道德方面要内化于心、外化于行。如孔子强调"不学礼，无以立"阐明了在日常生活中个人要树立礼的意识，做到文明有礼。老子所著《道德经》专门论述德育思想，提出至真至善的理念与目标，强调个人德性的培养。这与中小学道德与法治课对学生进行社会主义核心价值观教育目标相一致。这就要求充分挖掘优秀传统文化中的德育精髓部分，灵活运用于教学之中。

2. 一致的公民目标

中小学道德与法治课作为思想政治课的一部分，必定体现着政治课的主要特性，是初中公民教育的主要课堂，在了解国家的国情国策的过程中，寄希望培养学生的公民意识与家国情怀。优秀传统文化也蕴含着丰富的家国思想，强调公民对国家的责任与担当，强调公民必须遵循规律、遵守社会规则，尤为重视爱国情怀的培养。要积极利用优秀传统文化中的家国思想实现中小学道德与法治课的有效教学。

（三）育人方法具有借鉴性

从古至今，在优秀传统文化这个大观园中，诸多教育家展开了对教育方法、教育原则的阐述，这些方法原则通过《学记》《孟子》《论语》等史书典籍保留至今，这值得中小学道德与法治课去尝试与借鉴、学习与融合。

1. 因材施教法

因材施教是指教师参照不同学生的个性化特征所进行的不同的教育。孔子是我国因材施教教育方法的践行者之一。他强调因材施教的前提基础是充分了解每一位学生。此外孟子、董仲舒、韩愈等诸多教育家也都提到过这一教育方法。教师需要通过有目的的观察与学生对话，从学生的言行举止中，总结学生的外显性格、学习能力、个人追求等实际情

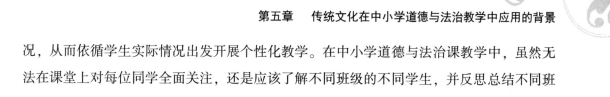

况，从而依循学生实际情况出发开展个性化教学。在中小学道德与法治课教学中，虽然无法在课堂上对每位同学全面关注，还是应该了解不同班级的不同学生，并反思总结不同班级的学风、性格，做到因材施教，尽量确保每位学生学有所思、学有所悟、学有所得。

2. 启发教学法

启发教学不同于灌输式教学，是强调通过启发调动学生的思维，促使学生积极主动发现问题、思考解决问题而进行学习的方法。《学记》中提到的"故君子之教，喻也，道而弗牵，强而弗抑，开而弗达。道而弗牵则和，强而服抑则易，开而弗达则思。和，易以思，可谓善喻矣"，阐述了教师应该引导学生学习，进行启发性教育。此外朱熹也曾指出"指引者，师之功也"，表明在教育中教师引导启发学生质疑、释疑的重要性。这启示着在中小学道德与法治课教学中，要设置激发兴趣与疑问的契机点，从而使学生主动探究问题，在学习中进行自我体会，实现知识的内化与外化。

3. 知行合一法

知行合一强调知识的学习必须通过实践来加以强化与内化。优秀传统文化中有诸多关于知行合一的论述，如王夫之提倡"行不足以尽教之理，而教必著于行"的"教必著行"教学观，就是阐明实践是知识验证的唯一途径。又如"纸上学来终觉浅，绝知此事要躬行"这一诗句也表述了教师在教学中要给学生实践的机会。这启发在中小学道德与法治课教学中，教师要将知识与实践相结合，在知识传授中以学生成长生活实际为起点，最后将所学知识回归生活，使学生能够以学践行、以践促学。

此外，博大精深的优秀传统文化中还蕴含着其他众多有实践意义的教学方法，如有教无类、教学相长等，都能够将其借鉴融合到中小学道德与法治课的教学过程中，优化教学效果。

二、教学过程的关联性

在中小学的道德与法治教学中应用传统文化具有可行性。优秀传统文化作为中华民族的瑰宝，具有丰富的道德观念和价值观，蕴含着深厚的道德智慧和行为准则。将优秀传统文化融入教学过程中，不仅可以帮助学生了解优秀传统文化的内涵和独特价值，更重要的是培养学生的道德意识和法治观念，并将其转化为实践操作。

教师在教学过程中可以灵活运用优秀传统文化进行实践操作。例如，教师可以通过组织学生进行优秀传统文化体验活动，如传统节日的庆祝、传统手工艺制作等，让学生亲身感受优秀传统文化的魅力。在活动中，教师可以引导学生讨论礼仪、道德规范等话题，培养学生的道德意识和行为规范。同时，教师还可以通过讲解优秀传统文化中的经典故事和典籍知识，引导学生思考与现实生活相关的道德问题，激发学生的法治意识和社会责任感。

此外，在教学过程中引入优秀传统文化还能够丰富教学方式和方法。优秀传统文化以其独特的艺术形式和教育思想丰富了教学资源。教师可以利用传统文化的音乐、舞蹈、绘画等艺术形式，让学生在艺术中感受道德与法治的内涵。同时，教师还可以运用讨论、角色扮演、小组合作等多种教学方法，让学生积极参与，提高道德与法治教学的实效性和趣味性。

总的来说，在中小学的道德与法治教学中应用优秀传统文化具有可行性。优秀传统文化与中小学教学内容相辅相成，教师可以在具体的教学过程中进行实践操作，通过优秀传统文化的体验活动、经典故事讲解等方式培养学生的道德意识和法治观念。同时，优秀传统文化丰富了教学方式和方法，能够提高教学效果和趣味性。因此，中小学道德与法治教学中应用优秀传统文化是可行的。

第三节　传统文化在中小学道德与法治教学中应用的条件

国家相关政策的支持、系列文件的颁布为中华传统文化融入课程教学保驾护航；传统文化与道德与法治课内容的契合性为其融入提供了内容基础；我国文化发展的需要和学生核心素养发展的需求为其融入奠定了广阔的空间基础。

一、国家相关政策的支持

近年，国家有关部门出台了一系列关于弘扬传统文化的文件和政策，提倡全社会广泛学习传统文化。如 2021 年教育部印发《文化进中小学课程教材指南》等，教育部发布了很多文件来指导传统文化教育的开展，为其发展方向给了一些比较科学的建议。除此之外，还有很多相关文件倡导全社会广泛全面学习传统文化。这些文件和政策促进了中小学的传统文化教育，推动优秀传统文化融入课程教学，直接为其融入道德与法治课提供了有利契机。此外，国家领导人在各类讲话中肯定传统文化的价值、多次阐述了传承发扬传统文化的必要性和重要性，有利于整个社会形成良好的传统文化教育与学习风气。国家有关政策和领导的有关讲话为优秀传统文化融入道德与法治课提供了良好的政治环境。

二、文化发展的需要

传统优秀文化与校园文化、社会主义先进文化关系密切，他们互为补充并共同推进文化强国的建设。一方面，传统文化内容是德育教育的重要组成部分，将其融入该课程是提升学科人文性的需要，是丰富校园文化的必要手段之一，是当代发展社会主义文化的必要举措。另一方面，它的融入有效促进该课程教学的发展，推动文化在教育领域的健康发展。在日常学习生活中学生不间断地受到传统文化的陶冶，使得学生对优秀传统文化的兴趣和认同感不断增强，这是当代文化健康发展的一种表现。此外，它的融入进一步加速了优秀传统文化的传播和发展，是文化传播传承方式多样化的体现，是文化事业、文化产业发展的需要，是社会主义文化发展的实际需要。

培育文化观的实践路径之一就是要强化传统文化教育，学校是文化发展传播的主阵营。在课程教学中进行优秀传统文化教育显得极其重要。学校的教育质量的提高，可以带动学生文化素养的提升，学生的思想道德品质的提升，带动我国文化蓬勃健康发展。总而言之，其融入是文化发展、构建文化强国的需要。

三、教学目标的契合

教学目标上的一致性和相似性为两者的融入提供了可能性和必要性。中小学道德与法治课的重要职能是培养学生形成优良品德，而中华传统文化教育的主要功能之一是实施道德建设。在教学过程中，选用优秀传统文化的有关内容，将其作为教学素材来涵养学生道德与行为习惯。

传统文化教育和该课程在人才培养上也存在着相通性，都有培育学生基本道德素养的重要部分。大量传统美德的素材资源，如尊老爱幼、尊师重道、诚实守信等，都是提高中小学生的道德教育水平的主要素材资源。在教学内容方面，不论是中小学道德与法治课程的教材中，抑或是在学校课程教学使用的素材中，都有很多优秀传统文化的印记或是气息。

与此同时，优秀传统文化依托多种多样的载体形式表现出来，这也为中小学道德与法治教学方式提供了新的思考、新的方向，如通过优秀传统诗词导入，传统故事导入激发学生兴趣，调动学生课堂学习积极性，还有琴棋书画、语言文字、建筑、器物等载体都有助于教学活动的多样化开展。此外，传统文化包含的丰富内涵，能有效激发学生独立思考或是小组讨论，训练学生思维方式、提升学生人文素养，潜移默化地影响学生道德品质和人文精神，两者的融入有利于两者教学目标的实现。

四、核心素养要求的一致

落实学科核心素养中的文化自信、国家意识以及道德品质等需要教育工作者把传统文化融入中小学道德与法治教学中。如从"天下兴亡、匹夫有责"等诗句中感受古人的家国情怀，进一步落实国家意识这一核心素养。

传统文化中包含了大量传统美德故事、美德有关的成语和思想理念等，是培育该课程学科核心素养的材料支撑。教材本身包含有一些传统文化的内容，有的可能直接体现在教材中各个板块中，大多数表现为传统文化相关的名言。有的可能需要教师去挖掘蕴藏于单元或者课题的某个字上，如"青春有格"一课中"格"字反映出传统文化在汉字方面的深厚意蕴。

学科核心素养的培育需要优秀传统文化素材在课程教学中的合理利用，两者的密切关系为其融入的进行提供了条件支撑，体现了融入的可行性和必要性。另外，其融入的策略研究还是培育学生核心素养的一个需要，学生核心素养中在"国家认同"方面提出学生应加强文化自信，应该尊重、认同并传承弘扬中华民族的优秀文明成果的要求。把我国优秀传统文化教育同具体课程结合起来，在教学中充分使用传统文化的相关内容，是文化教育与德育同时进行、深度融合的一种表现，更是涵养学科核心素养、培育学生发展核心素养的现实需要。

第四节 传统文化在中小学道德与法治教学中应用的原则

积淀了几千年的优秀传统文化，在历史长河中镌刻了各个时代的文化印记，要将其融入中小学道德与法治课教学，必须在超越时空的基础上，坚持适应性原则，选择符合条件的优秀传统文化；坚持符合社会发展的时代性原则，确保优秀传统文化发挥出其当代价值，滋养中小学生；坚持正确的政治方向与德育方向性原则，确保融入符合学科特色的优秀传统文化；坚持教学的主体性原则，确保能够融入学生喜闻乐见的、对其成长具有重要价值的优秀传统文化。

一、适应性原则

(一) 与教学要求相适应

融入的内容要与思政课教学要求契合。一方面，道德与法治教材中采用的传统文化素材要具有一定的时代性，要符合当下的教育方针和教育目的以及课程标准的要求，教材要根据时代的发展需要进行修订和完善。另一方面，在教学过程中，需要相关任课教师及时关注并联系当代社会主义核心价值观、社会时事政治、生活实际情况等，再联系当下的时代背景，紧跟时代的教育方针、育人目标等的基础上选取传统文化相关的内容素材。用身边、生活、社会或者国内外比较新的事例素材来讲解中华传统文化，将其在当今的体现、发展与传承在教学过程中揭示出来。选取积极向上的、大众的具有时代内涵的优秀传统文化。讲解传统文化时与习近平新时代中国特色社会主义思想相联系，与人类命运共同体相联系，与文化建设、文化强国、文化自信相统一。

在选取融入内容时要与中小学道德与法治课教学目标与内容相适应，根据该课程思想性、人文性、综合性、实践性的特点加入优秀传统文化。教师可以根据当堂课的教学目标选取一些有关的具有思想性或是人文性的传统故事或是名言等，让学生深入感悟故事的思想性，教师要利用和发挥传统文化的德育价值。融入的优秀传统文化需要根据课时的具体教学目的目标选择，根据教材内容、课程特点选用优秀传统文化资料、案例，让传统文化教育适应道德与法治课的教学需要，促进学生的美德生成。这样可以进一步保证传统文化教育与道德与法治教育同时进行，合理有效利用课堂时间完成德育目标和教学目标。

（二）与学生特点相适应

融入的内容要符合学生心理发展状况、学生认知情况，依据于学情选择恰当的文化资料，开展教学活动。选取的传统文化内容要与学生的认知水平相符合、同学生心理发展特点相一致，便于相应的学生学习理解，也就是教师在选材上、教学目标制定中、教学过程中都要关注学情，根据学生情况调整。可以结合学生已有的生活经历、文化素养、思维方式等进行教学内容的选取。中华传统文化有多种类型，如唐诗、宋词、史书典籍、书法、山水画、对联、字谜、传统建筑、12生肖、二十四节气等，中小学生的认知水平有限，教师应结合所学过的类型选取传统文化内容。中小学阶段是学生人生发展的一个重要时期，他们在这个阶段形成的一些思想观念对他们之后的影响会很深远，比较深刻。

教师在教学中多选取一些积极向上的、生活中经常可以接触感受到的传统文化资源，使大多数学生能够吸收相关养分，发自内心地认同我国传统文化，并在实际行动中体现出来，让自身学以致用，促进自我的成长成才、道德修养。

总之，在融入的整个过程中都要密切关注学生成长发展的一些重要特点，根据学情选取不同类型形式的、便于大多数学生理解的优秀传统文化，为丰富教学内容，辅助学生学习，按照学生发展的顺序性采取由浅到深、由简单到深奥的文化素材。

二、主体性原则

道德与法治课的课程目标要求中小学生接受正确的道德观、法治观与人生观的教育。因此，教师必须树立明确的主体意识与责任意识，有目的、有计划、有步骤的在教学中融入优秀传统文化。为此，在融入过程中，教师要主动研究学生的共性与个性，依据中小学生各阶段的成长特点，有重点、有层次的融入优秀传统文化，以丰富学生对优秀传统文化的情感体验，促进学生有效将其进行知行转化。

三、时代性原则

在优秀传统文化的继承方面，我国一贯坚持紧跟时代步伐，创造性发展优秀传统文化，使其获得新的时代活力。在中小学道德与法治课教学中融入优秀传统文化，一方面，优秀传统文化必须立足于国内外时代发展的大环境，全面诠释时代赋予它的新生内涵与意义，从而使其与本时代的主流价值观念、文化理念等相融合，真正让其焕发出新的活力与生机；另一方面，优秀传统文化作为中小学道德与法治课教学重要的教育资源，也要立足于教育的现代化、立足于中小学道德与法治课教学改革，为当代学生的发展奉献精神力量，在中小学道德与法治课中实现育人价值。

四、方向性原则

中小学道德与法治课作为中小学思想政治教育的主要渠道，带有学科特色、学科要求性的政治意识绝不能出差错。因此将优秀传统文化融入中小学道德与法治课必须以我国的先进意识为指导，指引学生向正确的方向成长发展。①坚持正确的政治方向。教师应对优秀传统文化有所选择，正所谓"取其精华，去其糟粕"，要选择包含国家利益、民主法治等具有正确的政治意识内容，辅助中小学道德与法治课开展教学活动，如"责任""家国"等公民思想，舍弃那些封建迷信的糟粕部分。②坚持正确的德育方向。中小学道德与法治课的重要任务之一是德育，因此优秀传统文化的融入是具有针对性的，必须选择与中小学道德与法治课德育思想相匹配的教学内容，既能服务于该学科教学目标的达成，促进学生正确三观的养成，又能服务于该学科教学活动的开展，优化教学内容。

第六章　传统文化在中小学道德与法治教育教学中的渗透

第一节　传统文化融入中小学德育教育的全过程

一、中小学德育全过程的解读

我国教育方针、素质教育的目标要求，都始终把德育放在教育的首位，国家很多文件都以较大的篇幅谈到了德育教育的问题，德育为先、育人为本已经成为每一个教育工作者耳熟能详的口号。德育是一种教育活动，教育者根据某个社会或阶级的要求对受教育者施加系统的、有目的的、有计划的和有组织的影响，并将某些社会思想和道德转变为个人的思想道德素质。

德育是中小学教育的灵魂，它致力于培养中小学生的思想道德素质和人格。它反映了小学和中学教育的基本目标和归属，贯穿于道德、智力、体育、审美和劳动教育的各个方面，引领着整个小学和中学教育。中小学阶段正是学生长身体、长知识的重要时期，是树立正确的世界观、人生观、价值观的关键时期，也是实现人的社会化的重要阶段。

德育大致可分为家庭德育、社会上的德育以及学校里的德育。德育是一个复杂的过程，通常由教育者、受教育者、德育内容和德育方法四个相互制约的要素构成。德育过程是建立在一定社会要求和受教育者思想道德形成规律的基础上的，然后进行对受教育者有目的、有计划、有组织地施以引导、启迪、教育和影响，通过受教育者的认识、体验和实践，从而使其养成教育者所期待思想品德和行为习惯的一种系统性、程序性的教育活动过程。中小学德育过程就是中小学校所有部门及全校师生共同参与的以提高学生们思想品德的教育过程。

根据我国近年来学校德育工作的经验和教训，在德育的实施过程中要真正按规律办事，在认识上还必须解决好几个问题，包括德育过程的主体作用、实用性、渗透性和针对性。德育过程的主体性是指在道德教育过程中发挥学生的主体性，主体性原则也是现代教育的根本原则。德育过程的实践性是指德育过程是以活动和交往为基础的，学生的思想品德只有在实践活动中才能得到发展。德育过程的渗透性是说德育过程并不局限于课程，它还渗透于学科教学、课内外活动、师生关系、学生集体、校园环境、家庭生活等各个方面。德育过程的针对性是指德育对象是具有不同年龄特征和发展水平，不同人格特征和思想倾向，且存在各种差异的人，我们应该针对中小学阶段的学生的年龄特以及他们每个个体自身特点实施教育。

德育过程，是学校思想品德教育过程的简称。从学校德育来说，它主要包括思想、政治、道德三个方面的教育。德育发展过程就是教育工作者根据德育的发展规律，即按照国家、社会和思想道德品德国际化发展的要求，形成学生思想道德素质的客观规律，实施各种教育对学生产生积极影响，并通过外部和内部机制，提高学生的思想道德素质，使得道德素质教育能有效促进和发展。

中小学生德育发展过程中，需要德育过程的所有要素和组成部分相互影响，并要求学校所有教育者和学生在教育活动中积极参与、相互合作。因此，学校教育者和中小学生及其沟通实践是教育活动的基本要素。而教育活动的展开，还必须借助于德育的内容和方法来共同建设德育活动。因此，中小学教育工作者及其活动，中小学德育的内容和方法以及中小学生及其活动构成了中小学德育过程的基本要素。在中小学，教育工作者和学生在德育发展过程中的矛盾是民族社会所要求的道德标准和中小学生思想品德发展的现状两者之间的差距，这是中小学德育发展过程中的主要矛盾，同时构成了中小学德育工作发展的原动力。

中小学德育过程的衔接存在许多问题，中小学德育工作要完善，德育工作者必须明确知道德育过程的具体问题，从整个德育工作系统出发，提出完美可行的解决措施。要尽力完善的中小学德育体系，就要从小学、初中、高中各个阶段学生的思想现实状况、认知能力出发，全面建设德育目标体系和德育内容体系，完善德育实施方法，并建立德育评价体系，使德育各过程相互结合，使中小学的德育体系能更好地促进学生全面健康的发展。

二、传统文化融入中小学德育全过程的价值

中华传统文化反映了中国人的生活面貌，体现了中国人的思想智慧，凝聚了中国人的审美情趣。对于中小学生来说，只有系统学习传统文化，浸润于传统文化的氛围之中，习与智长，化与心成，才能走进中华民族的精神家园。

（一）有利于实现中小学德育的目标

1. 中小学德育的总体目标要求了解传统文化

实现中华民族伟大复兴，依托于本民族每位成员对民族文化的认同，传统文化是中华民族的历史基因。党中央多次强调传统文化的传承与弘扬的重要性。党中央、教育部下发的多份文件也提出了传承传统文化的要求。

加强传统文化教育的重要性和紧迫性，包括四个方面：①能深化中国特色社会主义教育和中国梦宣传教育；②能推动文化传承创新；③能落实立德树人根本任务；④传统文化教育出现的新的问题需要解决。要分学段有序地推进传统文化教育，分为五个阶段：小学低年级、小学高年级、初中阶段、高中阶段、大学阶段。每个阶段针对学生的不同特征安排不同的任务。

2. 中小学德育的学段目标要求认同传统文化

依据中小学生的身心发展规律和学校教育教学特点，可以将德育目标按学段从低到高分为四个学段目标，每个学段都有对中国文化的具体要求。

（1）小学低年级的德育目标为：教育和引导学生热爱中国共产党，初步了解生活中的自然、社会常识和有关祖国的知识。对于小学低年级的学生来说，他们刚刚从熟悉的家庭生活进入比较正规的校园生活，要让学生在熟悉自己生活中有关自然、社会和祖国的知识过程中，来感受大自然的美好，适应家庭之外的社会生活，建立国家的概念，为自己是中国人而感到自豪。

（2）小学高年级的德育目标为：教育和引导学生热爱中国共产党，了解家乡发展变化和历史常识。在这一学段，学生开始有自己独立的想法，为此，要培养学生的独立性和自控能力。这一目标要求学校引导高年级小学生了解家乡、了解国家历史、了解传统文化、了解党的历史革命传统。

（3）初中学段的德育目标为：教育和引导学生热爱中国共产党，认同中华文化，继承革命传统，弘扬民族精神。学生到了初中，品德迅速发展，开始从他律逐渐走向自律，他们能积极、主动、独立地去思考一些问题，所以对他们的要求已经变成了"认同""弘扬"，这需要学校在教育传统文化的过程中，让学生充分了解传统文化，且要达到认同的程度，并用道德理念来自觉指导自己的行动，做到"弘扬"。

（4）高中学段的德育目标为：教育和引导学生热爱中国共产党，弘扬民族精神，增强民族自尊心、自信心和自豪感。在高中学段，学生的品德逐步走向成熟，逐渐形成了自己的世界观、人生观和价值观。高中学段则更加侧重对学生外化行为的要求，随着学生年龄的增长，学生从一开始的了解传统文化，逐渐发展到自己去理解并认同传统文化，进而确立自己的价值判断，主动去弘扬中华民族精神。

（二）有利于丰富中小学德育的内容

传统文化集中表现为中华民族的语言系统、意识形态和情感价值，它彰显了整个中华民族都能接受和认可的道德判断标准、思想观念和价值取向，具有十分丰富的思想内涵。加强对中小学学生的传统文化教育，就要以培养学生的文化素养为宗旨，以提升学生的文化自觉与文化自信为目标，以家国情怀教育、社会关爱教育和人格修养教育为重点，着力完善中小学生的道德品质，使他们自觉将自己的生命根系扎植于传统文化的肥沃土壤。

1. 开展家国情怀教育，培养学生的理想信念与爱国情怀

爱国主义是中华民族的民族心、民族魂，爱国主义是传统文化的核心内容，爱国一直为人们所敬仰和推崇，但凡提到精忠报国的文章和故事，总是感人肺腑。对于每一个人而言，国家不仅仅是一个地理概念，它是我们祖祖辈辈生存和发展的环境，是安身立命的根基。一个人自出生起便成为一个国家的儿女，从此，他便与这个国家同呼吸、共命运。从这个意义来说，人们爱国其实是因为国家利益和个人利益紧密相连，不可分割。

要倡导"重家庭"的社会伦理风尚，加强社会主义家庭观念教育，孝敬父母、爱护子女、夫妻间相濡以沫、兄友弟恭的传统家庭观念在当代仍有着重要价值。发扬爱国主义精神、进行集体主义教育。根据矛盾是普遍的这一观点，即使是社会主义社会，国家、集体、个人之间虽然根本利益一致但仍然存在着矛盾，因此要对中小学生进行爱国主义教育和集体主义教育，避免他们走向极端、崇尚绝对自由。

将传统文化融入中小学德育全过程中，就是恢复中华民族的记忆，保证民族文化的血脉，就是让中小学生亲近、认同中华民族共有的精神家园，并有意愿有能力参与到这个家园的建设中来。促使他们为国家和民族的未来思索，勇挑重任，成为新时代的社会主义文化人，致力于实现中华民族的伟大复兴。

2. 开展社会关爱教育，培育学生的关爱之心和社会责任感

孔子在儒家思想创立前，就将"仁"作为儒家思想的核心内容，将"仁"与"爱人"相结合。"仁"即爱人，包含了爱人与尊重人两方面，爱人指的是对他人的友善，在人与人的交往中要有同情心。而尊重人则不仅是要在心里想到别人，而且在行动上要表现出来，尊重他人，爱护他人。自己不想要的，不要给别人，即"己欲立而立人，己欲达而达

人。"而且这种爱心不是只爱自己的亲属，而是由此为起点去爱大众。

孔子强调"君子和而不同，小人同而不和。"对立的双方必然会往对立的方向发展，正如张载的"仇必和而解"所表达的一样，只有能够求同、存异才能真正达到和。这是一种整体思维，体现折中、综合、平衡的思维方式。另外，这可以体现为"自强不息、厚德载物"的包容精神。这种包容精神体现为进取精神和宽容精神，表现为遇到挫折时能百折不挠、不断向上的进取精神以及能有大地般宽广的内心，包容万物。

和谐社会思想在我国源远流长，"仁"和"和"是孔子儒学思想的核心理念。在人与人的交往中要遵循"仁"的思想，在社会政治环境中要营造"和"的氛围，在孔子那里，"仁"是为人处世的价值核心，"和"是社会政治的价值核心，用仁来规定礼，以发自内心地守礼实现"仁"，最终达到社会和谐稳定。

对中小学生进行社会关爱教育，要向他们阐释传统文化中和谐共生的内涵，同时对他们加强教育。首先，对中小学生进行共生教育，即让他们明白人与社会是休戚相关、荣辱与共的共同体，社会是通过人们之间的活动得以形成的，而人是在社会关系中生成的，因此，人与社会是不可分割的关系。其次，加强中小学生的和谐教育，传统文化思想中的"中庸""公私兼顾""大同社会"都体现了在个人自由发展的基础上要遵循道德规范，这些思想体现的是人与社会全面发展的理想追求。人是社会的主体，人通过社会劳动，通过学习，竭力避免和别人发生矛盾冲突，努力保持与他人的良好人际关系，并积极维护集体和国家的利益，推动社会的发展。

3. 开展人格修养教育，提升学生的文明素养和高尚品质

传统文化高度关注每个生命的成长，从古至今，人们就非常关注人作为个体生命的修养。对于中小学生而言，要吸收并弘扬中国传统的修身养性的智慧。

（1）人格修养并非一个外在的目标，而是一个内在的践履和体验。所以要通过学校教育使中小学生掌握更多普遍的社会规范，并使他们在日常生活中能自觉的践行。

（2）中小学生要学会反躬自省，根据《论语》中提出的每日三省吾身的修养方法教育中小学生学会自我反思，不断的反躬自省有助于自我认识、自我调节，从而完善人格。

（3）修身养性不是简单的学习过程，人格的培养应该坚持一生。修身养性，贵在"养"字，即要经过日积月累的培养，所以人格修养一定要坚持到底。

（三）有利于拓展德育的途径和方法

现代中国德育途径主要是家庭、学校和社会三个渠道，这是对古代德育途径的继承与发展。中国古代除了人格修养属于自我修行以外，家庭教育、学校教育、社会教育采取上

教下化的方式，他们一同构成了相互联系、不可或缺的完整的教育系统。

1. 融入中小学德育全过程有利于拓宽德育的途径

中国传统德育途径中，最为重要的还是学校道德教育。孟子强调治理国家必须重视百姓，和百姓相关的事情不能耽搁，必须设立学校来教导民众，各朝代对于学校的称谓不同，但学校的作用都是相同的，就是教人们人伦道德。为了适应学校德育，古代教育家们则编撰了较为系统的教材。如宋代理学家朱熹编写了《小学》，清代李毓秀的《弟子规》也是有影响力的德育教材。此外，在古代学校德育中也积累了许多原则和方法，一方面注重向学生灌输伦理道德思想，进行思想渗透，另一方面注重教育者自身要以身作则、言传身教，等等。

总之，中国古代是将家庭、社会、学校三方面统一起来对民众进行道德教育，从而培养人的品行，形成良好社会风俗，达到为政治服务的目的。

2. 融入中小学德育全过程有利于丰富德育的方法

中小学德育中主要采用的方法包括：一是说理教育法；二是榜样示范法；三是实际锻炼法；四是陶冶教育法；五是自我教育法；六是品德评价法。这些方法都能在古代传统教育中找到出处。

（1）说理教育法，强调通过理性思考和辩证分析来培养学生的道德观念。它有助于学生理解道德决策的原则和后果，使他们能够明智地解决伦理难题。这一方法源自古代中国儒家文化，如孟子强调"仁爱"和"义"的说理，以及荀子强调人性本恶的说理。

（2）榜样示范法，就是运用模范人物和典型人物的事例，对学生进行教育的一种方法。中国人一直都很喜欢树立典型，发挥榜样的作用，古代启蒙教材中经常会列举先贤、名士的嘉言来说明道理，而孔融让梨、黄香枕席、子路负米等故事也是自古流传至今。

（3）实际锻炼法，强调学生通过亲身经历和实践来培养道德品质。这包括参与志愿服务、社区活动以及解决实际伦理问题。通过这种方式，学生可以在真实情境中运用他们的道德知识，加深对道德原则的理解和内化。儒家经典中有着强调实际实践的教育思想。孟子在《孟子》中提到了"知之者不如行之者，行之者不如乐之者"，强调知行合一的思想。这意味着只有将道德知识付诸实践，才能真正理解和体验道德的内涵。儒家注重实际行动，通过实际锻炼来完善品德和道德修养。

（4）陶冶教育法，有意识的安排与创设一定的有教育意义的客观情境，使学生受到熏陶和感染，以培养学生的思想品德的方法。这一方法可以追溯到中国古代儒家文化中的文学作品中的道德启示。

（5）自我教育法，鼓励学生主动思考、反思和探索自己的道德信仰和价值观。它强调培养学生的自主性和独立思考能力，使他们能够自我约束和提升。可以追溯到我国古代儒家思想中的自我修养和道德自律观念。

（6）品德评价法，通过对学生思想品德的评价，使学生正确认识自己，鼓励学生积极向上，并帮助学生克服不良思想品德的教育方法。这一方法的根源可以追溯到古代中国儒家文化中的"明经"，强调对品德的评价和培养。

三、传统文化融入中小学德育全过程的路径

学校是传播文化的重要场所，肩负着弘扬文化、培育民族精神的重要使命，加强传统文化教育是抓好学校德育和学校文化建设的一项基础性工作。各中小学应该深入宣传加强传统文化教育的意义，贯穿于学校教育的全过程，落实到教育教学的各项活动中去。

（一）融入中小学德育课程育人全过程

课程育人强调，要牢牢掌握课堂教学这一主渠道，将传统文化中包含的德育内容细化到各学科课程的教学目标之中，融入渗透到教学的全过程。

1. 融入中小学德育课程

道德与法治、思想政治课等中小学德育课程，是有计划、系统地向学生传递道德知识、道德规范和社会主义法治观念，德育课程是中小学德育工作的主渠道、主阵地，有着其他学科所不能代替的地位和作用。思政理论课是爱国主义教育的主阵地。中小学德育课程以学生生活为基础，以"立德树人"为根本任务，以培育社会主义核心价值观为根本目的，促进学生核心素质提升和全面发展的综合性课程。所以我们要将传统文化教育同中小学德育课程结合起来。

（1）传统文化融入中小学德育课程要注重按顺序开展、分阶段进行。中小学分为四个阶段，小学低年级、小学高年级、初中、高中。例如，在小学的道德法治课上传统文化教学可以以诵读法、故事法、行为示范法来开展传统文化教育。选取适合小学生诵读的经典原著，随着年纪增大，内容逐渐加深，小学低年级采取《三字经》《百家姓》这种较为简单的蒙学教材，高年级则可选取《千字文》《千家诗》等作为教学内容。初中可以选用《论语》《孟子》《唐诗》作为教学内容，教师上课时可以开始引用其中的经典语句以启发学生。高中生则可接触《老子》《庄子》《史记》等内容。

（2）传统文化融入中小学德育课程要注重诵读经典文化中的经典名篇。传统文化中包含大量思想性强、艺术性佳、可读性好的经典名篇。中华民族的经典名篇哺育了一代又一

代中国人、塑造了中华民族性格和气质，是传统文化的重要载体。但今天的中小学普遍轻视古文诵读，在德育教学课程中，让全班在同一个教室同声诵读经典名篇，可以培育学生对经典的亲切感。中小学生记忆力强，接受新知识快，是诵读经典名篇的黄金时期。在没有充分理解的时候进行朗读、背诵，是古代儿童文化教育的有效方法，通过这种诵读的方式，中小学生能够感受到原汁原味的传统文化，取得事半功倍的教育效果。

（3）传统文化融入中小学德育课程要注重融入学生的德育实践。传统文化教育不只是一个认知的问题，也是一个实践的问题。在中小学德育课程中，我们不能只传授学生的德育知识，更重要的是让中小学生做到知行合一、认知与实践并重。特别是对于小学生，在德育课程上，要注重培育他们良好的行为习惯，让他们学会待人接物的基本礼仪。要将传统文化融入学生的日常生活之中，所以在教学过程中，教师也可采取多种形式进行教学，除了让他们诵读经典外、讲德育故事来启发学生外，还可以让他们看视频学习礼仪，让学生亲自排练古代小故事等等，从而使得中小学生真正做到内化于心、外化于行。

2. 融入中小学各学科课程

就课程育人而言，加强中小学德育课程一体化实施，必须从立德树人根本任务出发，把思政课程与课程思政相结合，发挥各学科课程在学校德育工作中的独特作用，共同发力做好中小学德育工作。新时代爱国主义教育强调：将爱国主义教育融入语文、道德与法治、历史等学科教材编写和教育教学中。爱国主义教育是德育的其中一个内容，因此要将传统文化融入各门课程教学中。

（1）挖掘各学科传统文化德育资源，将专业知识和传统文化教育相结合。文科如语文、历史、政治、地理中的传统文化德育资源相当丰富，在进行学科课程时，教师应该挖掘一些更深入的资源来引导学生，让学生了解更多的传统文化知识、风俗礼仪。数学、科学、物理、生物、化学这些理科则要找到传统文化德育和该学科之间的联系，可以从古代的科学精神、科学方法、科学态度入手对学生进行德育教育。音乐、体育、美术、艺术等课程在授课过程中，教师也要将传统文化融入进去，使传统音乐、美术、艺术、运动得以传承。外语课则可以从古代的世界局势培养学生的国际视野、国际理解。

（2）加强教师传统文化修养，注重教师身正为范的榜样性。要真正做到传统文化课程育人，对教师的要求很高，因此要求德育课教师乃至各学科教师都具备一定的传统文化素养。特别是各学科教师不能只具备该学科的专业知识，必须要加强传统文化修养、具备一定的国学功底，否则无法完成该课程的传统文化德育任务。同时，教师自己也要做到言行一致、知行合一。在学习传统文化的过程中，将其优秀的思想融入自己的生活和实践中，从而以身作则，使自己成为学生的表率。

（3）各学科之间横向上要相互贯通，形成学科的合力。比如同时进行爱国主义教育，语文注重的是通过教学，培养学生热爱祖国、热爱家乡的情感，提高学生的文化自尊与自信，培养学生为建设祖国而无私奉献的优秀品质，激发和增强其民族自豪感。数学则是通过有关数学史料，了解我国古今数学家在推动数学方面所做的杰出贡献，对学生进行必要的国情教育，培养学生为祖国的繁荣昌盛而学好数学的态度，激发学生的民族自尊心，增强民族自豪感。

3. 融入中小学地方和校本课程

用好地方和校本课程，要根据学校当地的民间文化、民风民俗等因地制宜开发学校德育课程，将本地历史文化资源恰当地融入德育课程中，增强本地非物质文化遗产、传统文化的影响力和传播力，引导学生树立维护祖国统一、加强民族团结的意识。校本德育课程的开发是以学生现实的需要为出发点，在原有基础课程学科教学内容的基础上，进行一定程度的延伸和拓展。

（1）结合当地的自然地理特点和传统文化，进行校本德育教材的开发。国家统一的教材无法突出地方特色，因此，地方和校本教材就是对国家统一教材的一种补充。中国地大物博，各地自然地理环境、传统文化、风俗习惯差异极大。比如中原地区与佛教结缘早、笃信深；齐鲁地区名胜古迹繁多；燕赵地区物质文化发达；岭南地区宗教文化繁荣，所以校本德育课程的开发要突出当地特色，使学生能够了解家乡、热爱家乡，从而热爱祖国。

（2）以学生为主体，从学生出发，提高课程的实效性。在各项活动中，学生是主体。在进行课程开发时，教师需要了解学生的需要、想法，并做适当调整。德育教材内容要符合学生的年龄特征，要以适合学生认知水平和促进学生认知能力为原则，在课程实施过程中要生活化、趣味化、多样化，充分吸引学生，尽可能避免学生产生厌烦情绪。

（3）与德育课程和学科教学相整合，促进德育的发展。教师要根据各学科教材内容、目标和教法找出其共性和个性，挖掘更多的传统文化德育资源，使校本德育课程与学校德育课程及各学科课程有机结合，最大限度地对学生进行德育教育，让学生在学习知识的过程中，动手体验、收获感悟，使教育效果进一步提高。

（二）融入中小学校园文化建设全过程

文化体现在校园环境的布局中，良好的校园环境对学生身体的健康成长能起到促进作用，好的校园环境能提高学生的身心素质；空气新鲜、阳光充足、清洁卫生的校园环境有利于学生的身心发育，而符合学校卫生要求的各类教学设施，如教室采光、通风、桌椅、黑板的完善程度等，都和学生的成长密切相关。

1. 利用传统文化优化校园文化环境

环境可以陶冶人，学生周围的一切都可以对学生进行教育。良好的教育环境可以促进学生身心的健康发展，校园中的所有建筑、一砖一瓦、一草一木都能影响学生的身体发育和心理健康，可以说校园环境对学生的成长有着特殊的教育功能。因此我们要利用传统文化优化校园文化环境。

（1）利用传统文化要素合理规划校园布局。校园环境建设，先要考虑的肯定是校园规划布局。规划设计要突出学校文化氛围、学术氛围和艺术氛围，创设规划、景观、建筑于一体的优美育人环境。在规划校园建设景观时，应该要考虑传统文化要素，例如，校内可以修建历史名人的铜像或者可以建一个诵读经典的读书阁等，真正规划要结合学校和学生实际进行。

（2）利用传统文化体现学校的教育化。可以在学校的宣传窗、阅报栏、黑板报、广播、团队活动室中进行传统文化的渗透。宣传窗和黑板报可以设置一个传统文化板块，校园广播也可以专门留有一个传统文化专题。另外，学校的教风、学风、校风、校训应该包含传统文化元素，上墙后即成了校园环境的一部分。历史名人画像及其嘉言美句也可以挂在学校适当的位置，学校校徽的设计也可融入传统文化元素。另外，要提高图书馆（室）的利用率，就要在环境布置上要基于学生特点，可以在图书室专门设置一个传统文化读书区，并进行一定的传统文化元素的装点，让学生喜欢上那里。

（3）利用传统文化精心设计教室格局。教室是校园环境的一个重要组成部分，一个和谐、温馨的教室环境，可以陶冶师生的情操，增强学生学习的积极性。所以在教室两侧我们可以悬挂古代名人的名言警句，增强学生的德育教育，同时也要精心设计班级板报，板报可以设计传统德育小知识的栏目，大家一起学习传统文化，增强德育素养。另外，教师可以设立一个"经典角"，放一些古代经典书目，让同学们能走进古人的世界，增长知识和见闻。

2. 利用传统文化营造校园文化氛围

校园文化是一种氛围，是一种整体风貌，更是学校人文传统和优良校风延伸的基础。良好的校园文化氛围能为学生揭示人生、生活、学习和工作的道理，让学生乐于学习、健康成长。良好的学习氛围可以为学生的成长铺好道路。因此，我们要利用传统文化营造校园文化氛围。

（1）利用传统文化培养良好的教风。教风建设是学风建设的重要基础，教风是教师在教育过程中形成的态度和习惯。教风是教师履行职业精神、专业素养、人格魅力的主要因

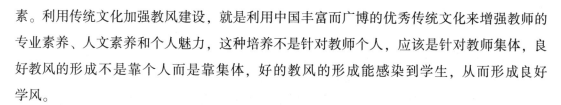

素。利用传统文化加强教风建设，就是利用中国丰富而广博的优秀传统文化来增强教师的专业素养、人文素养和个人魅力，这种培养不是针对教师个人，应该是针对教师集体，良好教风的形成不是靠个人而是靠集体，好的教风的形成能感染到学生，从而形成良好学风。

（2）利用传统文化培养良好的学风。学风建设是好的校园文化氛围的重要组成部分，学风是学生对待学习的理念、态度所形成的一种主流风气。博大精深的传统文化中包含许多道德规范、学习态度、学习方法，在进行学风建设的过程中，学校和教师可以凭借优秀传统文化进行正面引导，加强对学生组织的管理，促进各项文化活动的有效开展，特别是传统文化活动的进行。

（3）开展各式各样的学生读书活动，提高学生读书的动力。读书对提高学生的成绩有很大帮助，在校园里可以通过形成竞争的方式来提高学生的学习动力，例如可以定期举办阅读大赛，选取的书目可以是文言文，增加阅读难度，当然要配以一定的奖励吸引学生参加。学校还可以举办知识抢答大赛，各类知识都可包含进去，这样学生就可以展现自己所学的知识、学有所用，就能提高学习的积极性，增加对阅读的兴趣。

3. 利用传统文化建设校园网络文化阵地

网络拥有大量的信息，互联网以极其强大的功能在今天成了最重要、最便捷的信息交互方式，备受学生青睐。传统文化的内容丰富、形式多样，网络的产生与发展，给了传统文化一个可以进行自我展示的平台，一些不易于彰显的内容在网络上也能大放异彩。网络为学校开展道德教育也带来了很多便利。

（1）学校要加快搭建校园网络平台，整合传统文化与网页制作。校园网络主页、页面的设置可以结合中国传统的工艺文化，使校园网络外观彰显传统文化风貌，从而使浏览者在无意识的状况下感受到中华传统文化的独特魅力。另外，在加强硬件建设的同时将传统文化结合到各种网页形式中去，以便校园网上能处处体现传统文化的精华。

（2）充分利用网络载体，构建多种形式的传统文化德育阵地。注重形式和载体的丰富与多元，可以建立学校自己的专门进行传统文化德育的网站。利用网络的力量，综合利用文字、图片、音像等形式，开展传统文化德育活动，探求传统文化与现代生活的衔接与接通，并用丰富多彩、形式多样的网上传统文化德育内容来吸引学生的参与，增强学生的学习兴趣，从而达到理想的育人效果。

（3）规范网络行为，净化网络环境。让学生明白自己应该是网络的主宰者，可以通过网络主题班会，引导学生展开思想讨论，提高学生是非分辨能力，让学生辩证地看待网络。学校应该对中小学生实现有限上网，中小学生自制力不强，学校应该通过过滤技术或软件，或者将网上健康的、规范的网站下载到校园网上，从而避免网上不良因素的影响。

（三）融入中小学德育活动全过程

活动是中小学开展教育的重要形式，中小学德育活动包括校内活动和校外实践活动，学生通过参与各式各样的实践活动，可以活跃校园生活，丰富学生的精神生活，锻炼学生的自理自立能力，培养团队合作精神和社会责任感，提升学生的综合素质。

1. 开展传统节日活动，增强传统节日的体验感

我国的传统节日源远流长，绵延数千年，在历史发展进程中，以其丰富的文化内涵融入了人们的日常生活和精神世界。中华传统节日清晰地记录着中华民族丰富多彩的社会文化生活内容，凝结着中华民族最为普遍的情感和信念。传统节日活动是学校利用传统节日，如春节、清明节、端午节、中秋节、重阳节等传统节日开展的传统文化的实践教育活动。

（1）加强对中小学生的传统节日教育，增强其民族自豪感和文化认同感。中国的每一个传统节日都凝聚着民族的智慧，有着丰富的内涵，蕴含着积极向上的道德追求和丰富的价值观念，我们要让学生明白这些节日的由来以及其背后所蕴含的深刻内涵。例如，春节是传统文化的重要载体，凝聚着华夏儿女对生命的追求，代表着新的开始和新的希望，是中华民族最隆重最盛大的传统节日。中秋节则是以月圆象征人的团圆，同时还有文人墨客以月圆来表达自己的思乡之情，也表达古人对自然的亲近和喜爱之情。中小学生在进行传统文化活动时，必须要让他们了解每个节日背后都包含了古人的殷切期盼。

（2）开展传统节日习俗教育，让学生能更深刻地体会到传统节日的生命力、凝聚力、创造力。传统节日包含民间风俗、饮食文化、诗词歌赋等文化内涵，蕴含积极向上的道德追求和丰富的价值观念。例如，清明节是中国传统祭祀节日之一，人们有扫墓、踏青等传统习俗，青团是清明节的传统食物。端午节是为了缅怀爱国诗人屈原、弘扬爱国主义精神的传统节日，在这一天人们要吃粽子、划龙舟、挂五彩绳、插艾草等，同样有许多出众的关于端午的古诗。在对学生进行传统节日教育时，必须要让学生了解其习俗。

（3）开展传统节日实践教育活动，让学生通过参与活动，走进历史长河，感受传统节日魅力。春节时可以组织学生开展写春联、贴春联、剪窗花、送祝福等活动；元宵节时可以进行煮汤圆、赏花灯、猜灯谜等活动；清明节时可以组织学生参观烈士陵园或抗战遗址，也可以通过网上祭英烈活动，搜集资料，撰写心得，进行评奖；端午节可以带领学生包粽子、诵读《离骚》、编花绳，有条件的话可组织学生参加或者观看赛龙舟活动；中秋节可以学习制作月饼、和家人赏明月，带领学生去农村参加秋收劳动；重阳节可以开展出

游赏菊、登高望远、让学生去敬老院开展志愿服务活动等。

2．开展礼仪教育活动，提升学生的文明礼仪素养

中华民族自古就有"礼仪之邦的"美誉，"礼"是中国文化的突出精神。好礼、守礼是中国人民的自古以来遵循的处世原则。从中国古代开始，社会就以礼来约束和规范人们的行为。而各种礼节、仪式、礼貌就是礼的外在表现形式。因此，要在中小学开展礼仪教育活动，从而提升学生的文明礼仪素质。

（1）加强中小学生的仪式教育。中国古代有许多仪式，包括出生仪式、婚嫁仪式等。在学校让学生通过参加各类仪式规范对学生进行思想观念、政治立场、价值观念教育，如校庆仪式、入学典礼、毕业典礼、运动会入场仪式、升旗仪式、上下课仪式等。

（2）对学生进行礼仪教育要从小抓起，从细节做起。小学生年龄小，对生活充满好奇，向师性强，在教师的指导和教育下更易形成好的文明礼仪。所以礼仪教育在小学时就要认真进行，严格要求学生，从小教导学生学礼仪、用礼仪，要重言、更重行。在生活中从小事做起，让文明之花处处开放。

（四）融入中小学德育管理全过程

全员育人基本理念，就是坚持人人都是教育者的观念，使得学校所有员工都参与育人，人人都是德育的主体，承担着使中小学生"成人"的职责。贯彻全员育人理念就要坚持教师教书育人，服务人员能服务育人，管理者要坚持管理育人。所谓管理育人就是要以管理制度、办事效率、工作作风等对学生产生良好影响。

1．融入学校管理制度和行为规范

就今天而言，团体或组织只有在纪律和制度的约束下，才能起到积极的作用。学校若没有制度，师生就会纪律松散，对自己的工作学习敷衍了事，长此以往，学校的教书育人目的就无法完成。搞好德育管理，必须制定相应规章制度和行为规范，才能确保德育工作的长效性。

（1）认真贯彻执行国家统一制定的规章制度。如《中小学德育工作指南》《关于新时代推进普通高中育人方式改革的指导意见》《中小学传统文化教育指导标准》等，这些规章制度基本都包含了传统文化教育的内容或要求。

（2）结合学校的实际，健全和完善一系列规章制度。学校需要结合自己的实际情况形成符合自己学校的具体的规章制度。如学生工作管理的制度、学生学习管理的制度、学生生活管理的制度、学校各职能部门的德育职责范围与工作制度、学生日常规范等。学校要

制定一套完整的涉及学校管理和学生学习生活各个方面的制度，在制度制定中既要符合国家德育目标，也可参考传统德育方法，注重传统文化教育。

（3）加强制度的宣传教育，严格按照规章制度办事。只要制定出一套切实可行、合理完善的校纪校规出来，就能既坚持校纪校规的原则性，又注意到校纪校规的弹性。做好教师考核工作，按照规章制度要求办事，从而提高教师业务水平。在执行的过程中，学校领导干部要身先士卒，保证制度的公平性。只要人人都遵守制度，就能形成良好的校园风气，更好达到德育的效果。

2. 融入学生会、少先队、学生社团等管理组织

团队活动教育是指中小学校少先队、共青团组织通过开展以组织建设、学习教育、主题活动为主要内容的各类活动，对学生进行教育的形式。要通过学生会、学生社团实现学生自我服务、自我管理、自我教育、自我监督的作用。通过少先队、共青团对学生进行共产主义理想信念教育，培养学生的政治意识、组织意识和集体意识。

（1）加强少先队、共青团活动，完成德育目标。共青团领导少先队，培养少先队员的集体主义精神，增强光荣感和组织归属感，自觉维护中华民族大团结。开展少先队活动可将爱国主义教育与其结合，系统开展"红领巾心向党""争当美德小达人""优秀传统文化在我身边"等少先队品牌活动。共青团除了开展组织建设活动外还可与学生其他实践活动相融合。

（2）发挥学生会的管理作用。校学生会是学校联系学生的桥梁和纽带，学生会要立足各班班委作为基层组织，管理学生各方面工作。学生会干部一般要能够在学生中起到表率作用，大公无私，自觉遵守校规校纪，主动帮助有困难的同学。学生会通常在学生处领导下，引导学生守纪，维护学校正常秩序。

（3）加强学生社团活动教育。学生社团是为了实现共同意愿和满足个人兴趣爱好而自愿组成的学生组织。社团活动能发挥学生自主管理、自我教育的潜能，让学生在体验与感悟中实现自我发展。要鼓励象棋社、围棋社、书法社、古诗社等传统文化社团的组织建立，让学生通过丰富多彩的社团活动，增强学生对传统文化的兴趣，让学生在习得技能的同时，逐渐形成良好的行为准则。

3. 融入学校德育管理队伍建设

对于中小学而言，要完成德育工作，从学校的领导到各个行政部门再到各位教师都是德育工作的负责人。校党组织要定期研究德育工作，成立德育工作领导小组，协调管理全校的德育工作。各部门还根据德育工作领导小组的部署，制定德育工作规划、加强德育制度建设

和健全德育管理机制等。因此，要将传统文化融入中小学德育工作，必须融入学校德育管理队伍。

（1）提高全员育人自觉，加强全员传统美德素养。学校是学生除了家庭外活动时间最长的地方，除了教师外，学校的所有工作人员，学生都能时不时接触到。因此，学校所有工作人员都应保持良好德行，起到影响学生思想行为的作用。

（2）加强师德建设，增强教师国学素养。在学校，学生最常接触的还是教师，教师在课堂上及课后对学生进行的教育能直接影响学生的言行。所以教师要秉持公正、善良、无私的情感对待每一位学生，为学生树立良好的榜样。同时，要坚持教育者先受教育，更好担当起学生健康成长指导者和引路人的责任。因此，教师要不断学习，增强自己的国学素养，这样才能更好将传统文化融入课堂上。

（3）利用互联网+，构建家校社区共育机制。随着互联网时代的来临，师生沟通越发方便，社会教育资源也可通过互联网轻松获得。教师可利用校讯通等平台加强与家长的互动交流，让家长也参与到学生的德育管理中来。也可利用微信、QQ等平台为家长更详细地描述遇到的问题，解决家长、学生的疑难，也可通过搜集一些育人的文章在微信群里推送，并分享自己的读后感。还可利用社区的人力资源，建立一支社区教育骨干队伍，使他们能在学校德育工作中大显身手。

第二节　中小学法治教育融入传统文化的策略

"在学校教育中充分渗透道德教育和法治教育的内容、要求和核心精神，是现代人才教育的重要目标之一。"[①] 学生是祖国的未来、民族的希望。加强学生法治教育是我国推进全面依法治国、加快建设社会主义法治国家的基础工程。博大精深的传统文化是中华民族生生不息、发展壮大的深厚滋养，是加强学生法治教育取之不尽的重要源泉。有效地把弘扬优秀传统文化和加强学生法治教育有机统一起来、紧密结合起来，将更有利于广大学生从小树立法治观念，养成自觉守法、遇事找法、解决问题靠法的思维习惯和行为方式，促进学生健康成长、全面发展。

一、学生法治教育对传统文化的现实需求

近年来，在各有关部门和各类学校的通力合作下，学生法治教育取得了长足进步，广

---

① 　张平霞. 优秀传统文化融入道德与法治课教学的探究［J］. 中学政治教学参考，2021（14）：87.

大学生的法治价值观、民主观念已经初步形成，学生的法律素质进一步提高。但是，也要看到学生法治教育也还存在不少问题。一个国家的治理体系和治理能力与这个国家的历史传承和文化传统密切相关。在中华民族五千多年文明历史长河中，孕育了博大精深的传统文化，这是中华民族在长期共同生活和社会实践中积淀形成的宝贵精神财富。

纵观历史，一个国家的治理体系必须立足于本国的历史文化，一个国家的法治理念和法治理论在很大程度上来自其独特的文化传统和历史情境。因此，法治教育应扎根在传统文化沃土中，并与道德教育相结合，把继承优秀传统文化和弘扬法治精神有机统一、紧密结合起来。如果法治教育脱离我国原有的优秀文化传统，教条式宣传普及法律知识，虽然能在一定程度上让学生知法懂法，但却难以让学生内化于心、外化于行，难以让学生维护法律、信仰法治。

我国优秀传统文化蕴含的哲学思想、人文精神、教化思想、道德理念等深深影响着一代又一代中国人的思维方式和行为方式，因此，应从传统文化中挖掘与中国法治相适应的文化元素，充分利用学校文化教育师资力量，寻找适应学生特点的法治教育方式方法，有针对性地增强学生法治意识，弘扬法治精神，树立法治信仰，让学生在继承优秀传统文化中自觉成为法治的遵守者和捍卫者。

二、传统文化对加强学生法治教育的重要意义

（一）有利于丰富法治教育内容

法律的权威源自人民的内心拥护和真诚信仰。弘扬社会主义法治精神，建设社会主义法治文化，需要广大人民群众自觉成为法律的忠实遵守者、坚定捍卫者，更需要广大学生从小增强厉行法治的积极性和主动性，树立守法光荣、违法可耻的坚定信念。

学校是学生法治宣传教育的主阵地。中华民族五千多年文明发展积淀的传统文化深深影响着中国人的生产生活。对于风华正茂、朝气蓬勃的学生来说，面对枯燥乏味的法律条文，他们更愿意倾听内涵丰富、活泼有趣的优秀传统文化的法治故事，更容易理解优秀传统文化所蕴含的通俗易懂的法治文化，更愿意接受优秀传统文化所弘扬的讲仁爱、重民本、守诚信、崇正义、尚和合、求大同等核心理念。因此，应使传统文化所蕴含的丰富思想道德资源成为学生法治教育的重要源泉，通过传统文化的熏陶，让法治精神更易植根在学生内心，潜移默化学生的思想和规范学生的行为。

（二）有利于培育学生法治精神

学生时期是一个人观念塑造和习惯养成的关键时期，学生所形成的法治观念和法治精

神在一定程度上决定了未来社会的法治水平。传统文化蕴含着丰富的规则意识和诚信意识。《论语》中说："不学礼，无以立。"孟子道："无规矩，不成方圆。"由此可见，传统文化告诫人们自然与社会都是有规则可循，遵守规则，维护秩序，人类社会才能持续健康繁荣发展。传统文化蕴含着博大精深的育人思想，将传统文化融入学生法治教育，可在一定程度上规范学生行为，使学生理解法治的文化底蕴，尊崇公序良俗，牢固树立规则意识、平等意识、诚信观念和契约精神。

（三）有利于提升学生尊法学法守法用法能力

讲仁爱、重民本、守诚信、崇正义、尚和合、求大同是传统文化的思想结晶。"仁爱"是儒家倡导的核心思想，讲求仁义礼智信；"民本"体现了传统文化中的仁民爱物精神和深厚绵长的家国情怀；"诚信"是个人的立身之本，是中华儿女待人处世的人生哲理；"正义"体现了崇尚公平与道义的精神追求；"和合"彰显了传统文化"贵和尚中"的思维方式和"厚德载物"的博大情怀；"大同"凝聚了中华文化的社会理想，激励中华民族矢志不渝、奋斗不息。这些传统文化的核心理念对学生成长成才起到至关重要的作用。

长期受到传统文化熏陶的学生，一定能够明辨是非、区分善恶，树立正确的世界观、人生观、价值观，学会运用法律维护自身权益、学会通过法律途径参与国家和社会生活，从而避免误入歧途、违法乱纪，提升他们尊法学法守法用法的意识和能力。

三、结合传统文化，加强学生法治教育

（一）从传统文化中汲取养分，加强学生法治精神培育

我国的国家治理探索从构建法律体系转到法治体系的构建，从"法制"宣传教育转到"法治"宣传教育，虽一字之差，却更强调了法治理念和法治精神的培育。一种精神并非一朝一夕就能养成，需要建立在一致的情感认同和价值取向上。传统文化集中体现了中华民族的文化传统、思想观念、情感认同，凝聚了中华民族普遍认同和广泛接受的道德规范、思想品格和价值取向。学生法治精神的培育需要从传统文化中汲取养分。

传承发展优秀传统文化，就要大力弘扬讲仁爱、重民本、守诚信、崇正义、尚和合、求大同等核心思想理念，就要大力弘扬自强不息、敬业乐群、扶危济困、见义勇为、孝老爱亲等中华传统美德，就要大力弘扬有利于促进社会和谐、鼓励人们向上向善的思想文化内容。

学生法治教育与德育课程紧密结合的落脚点，就在于创造性转化和创新性发展传统文

化。在宣传法律知识的同时，通过汲取传统文化的核心思想理念，向学生讲清楚社会主义法治精神的历史渊源、发展脉络，讲清楚社会主义法治的价值理念、鲜明特色；通过汲取传统文化的美德内容，培育学生正确的道德观和责任意识，引导学生向往和追求公平正义的生活；通过汲取倡导社会和谐、向上向善的传统文化内容，引导学生树立和坚持正确的历史观、民族观、国家观、文化观，不断增强学生的社会责任感和担当意识，从而不断凝聚整个社会向上向善的力量。

（二）传统文化与学生法治教育融合，贯穿国民教育始终

学校是学生法治教育的主阵地，要把传统文化全方位融入法治教育各环节，并贯穿于学校教育的各阶段各领域。

在开发教材方面，以小学、中学教材为重点，构建中华文化和法治内容相融合的教材体系。充分挖掘传统文化资源，从与学生密切相关的法律问题入手，开发形式新颖、趣味性强、具有鲜明文化底蕴的法治教材，激发学生潜在的求知欲。

在设置课程方面，注重多角度、全方面地培育法治精神，在各学科课程中融入法治教育内容。如在进行语文教学时，挖掘文学作品中的典型人物和事迹，对学生进行公平正义的教育；在历史教学中讲述我国法治进程和典型案例，让学生学会追根溯源，寻求法治真谛；在生物教学中对学生进行尊重人权、热爱生命、保护环境的教育等。

在拓展教学方式方面，坚持课堂教学和课外活动相结合。教师在课堂教学中既要集中传授优秀传统文化知识和法律常识，又要综合采用故事教学、情景模拟（如法庭模拟）、案例研讨、法治辩论等多种教学方式。在进行课外活动时，教师要把优秀传统文化和法治观念运用到学生的生活实践中，注重培养学生运用法律的能力。

在营造学校氛围方面，要充分利用信息技术手段，将优秀传统文化和法治教育资源、形式予以整合提升，引导学生主动学习，培养学生学习法律的兴趣。学校要将校园法治文化建设与校园文化建设有机融合，开展具有深厚文化底蕴的系列法治教育活动，营造浓厚的学法懂法、遵纪守法的校园氛围。

（三）提升法治教育工作队伍法治文化素养

法治教育工作队伍具有良好的法治素养和法治教育能力，是学生法治教育取得卓越成效的重要保障。在建设法治教育工作队伍时要做到以下方面：

第一，扩大学生法治工作队伍。大力鼓励教师群体跨学科参与法治教育，充分挖掘各学科教学内容的法治内涵，提升教师群体的法治意识。同时，充分发挥法官、检察官、律

师、高校法律院系教师、法治教育志愿者等法律工作者的力量，逐步解决学校学生法律服务资源不足和法治人才匮乏问题。

第二，提高学生法治工作队伍法治文化素养。从事学生教育工作的领导干部要起到学习传统文化和法治理论的表率作用，从根本上提升自我的法律意识和法治素养。领导干部以上率下，才能更好地带动基层普法工作人员提高法治文化素养，弘扬法治文化传统。要重视法治培训，把法治教育纳入干部教育培训总体规划，在培训中不仅要强调法律知识的学习掌握，还要着重法治文化素养的提升。

第三，创新法治人才培养机制。我国法治人才培养虽然取得了巨大成就，但与推进全面依法治国的要求还存在差距。这就要求我们必须坚持以马克思主义法学思想和中国特色社会主义法治理论为指导，加强社会主义核心价值体系教育，完善传统文化教育，形成培养社会主义法治人才的良好制度环境、理论环境、人文环境和舆论氛围。

总之，在对学生进行法治教育时，应坚持创造性转化、创新性发展传统文化，使其成为涵养学生法治教育的重要源泉，成为构筑社会主义法治文化的重要基础，使学生形成对社会主义法治道路的价值认同、制度认同。在学生法治教育中融入传统文化，既不意味着排斥外来、回归传统，也不意味着故步自封，应在深入研究传统文化的基础上，挖掘传统文化与当代中国法治文明相融的文化因素，推动学生法治教育的有效开展，为全面依法治国奠定坚实的基础。

传统文化贯穿于法治教育始终，使弘扬优秀传统文化和加强学生法治教育有机统一起来，才能真正让学生自觉践行法治理念，树立法治精神，让敬畏规则、崇尚法治成为学生内化于心、外化于行的文化与信仰。

第三节　中小学家庭教育与传统文化的有效结合

我国五千年的历史长河孕育出无数光辉灿烂的传统文化，这些传统文化中蕴含着丰富的哲理和教育知识，父母在进行家庭教育时，要充分与传统文化结合起来，利用传统文化中的德育知识来进行家庭教育，培养学生良好的道德修养与行为品质，确保学生在优质的家庭教育环境中能够更加优秀。

家庭教育和学校教育对学生具有同等的重要性，父母是学生除了教师以外接触最多的人。中小学生思维心性都不稳定，很容易被周围的人、事所影响，父母在平时生活中的一言一行都对学生起着潜移默化的引导作用，因此，父母在平时的生活中就要注重对子女进行积极正面的引导，培养他们良好的思想道德和品质修养。

一、优良家风涵养中小学生的内容与意义

涵养中小学生始终是党和国家的重要任务，要发挥各方面力量保障这个任务见成效。优良家风是中华民族千百年在家庭实践中形成的文化精髓，凝聚了修身、齐家、处世、爱国等方面的思想和理念，与培育有理想、有道德、有责任、有本领的中小学生的内容具有高度契合性。因此，可通过挖掘优良家风中的核心价值思想，发挥优良家风育人的时代价值，涵养中小学生思想和行为。

（一）优良家风涵养中小学生的内容

1. 以"正心修身"塑造中小学生的品德素质

中华民族从古至今强调家本位思想，一个人的道德品质和价值观念与家庭家风息息相关，家风能够起到润物细无声的效果。"正心以为本，修身以为基"，所谓"正心"是指使人心归向于正，让人拥有正确的价值思想，通过正其心达到内在素质的充实和完善；而"修身"意指修养身心，使人努力提高自身的思想道德修养水平。正心修身是一个人的立身之本，一代代人传承和弘扬的优良家风，包含着"正心修身"的要求。物质生产资料是国家发展的基础，文化精神是一个民族发展的支柱和灵魂。因此，要推动国家的繁荣富强，实现共同理想和目标，不仅是要在物质上强大起来，人们精神世界的强大同样重要。

对一个国家和民族来说，锤炼中小学生的品德修为、塑造中小学生的价值取向尤为重要，这为今后中小学生克服各种困难和挫折提供精神支撑，是中小学生立足的根本。而正心修身须趁早，道德品质要从小培养，人唯有从小塑造和培育正确的价值取向，才能拥有良好的品德修养，进而获得更加深沉的力量，坚定地走好今后每一步。

2. 以"立德立志"涵育中小学生的理想信念

中华民族自古以来，都以优良的家风教育影响子女，这也是中华民族人才培养教育的一大亮点和特有形式。千百年来，无数家庭以优良家风基础，形成了许多经典的家书、家训。诸如，《家戒》《颜氏家训》《曾国藩家书》等，这些著作是家庭精神品质、价值观念的体现，其中的家风、家训教导子女要讲道德，要树立远大的理想和抱负。

进入新时代，党和国家无比重视中小学生的理想信念培育，呼吁家庭应发挥其教育和培养人的基础性作用，重视优良家风的形成和弘扬，夯实时代新人"立德立志"的坚实基础，引领当代中小学生以先贤和先辈为榜样，树立高尚品德，维护社会公德，严守个人私

德。同时，还应引导中小学生将个人的学习进步与祖国的发展壮大联系起来，树立远大的理想信念，为祖国的发展和美好的未来贡献力量。

3. 以"尚学勤勉"锤炼中小学生的本领担当

一代代人在家庭实践中形成的优良品质——"尚学勤勉"，成为留给后代子孙的宝贵精神财富。古人强调"书山有路勤为径，学海无涯苦作舟""尚学勤勉"是中华民族传统美德，在每个家庭中激励着一代又一代人。家庭以家风、家训为载体，以父母的言行举止为载体，潜移默化地教育家庭成员要勤学、苦干，积极上进，在润物细无声中锤炼每个人的本领担当。

在增强中小学生本领的过程中，可以借鉴和参考古人的教育方式。广大青年作为未来的建设者和接班人，要练就过硬的本领才学，需要用丰富的知识武装头脑，提升各方面的能力素质。当下的时代是伟大的时代，也是奋进的时代，时代赋予了当代青年更多的责任与使命。唯有勤奋学习，才能打开思想上的锁扣；唯有上进好学，才能开阔视野，增强本领担当。为了让中小学生勤奋好学，增强其本领，必须发挥家庭教育作用，用优良家风锤炼他们好学、尚学、勤勉的品质，引导他们为民族复兴贡献青春力量。

4. 以"爱国为民"培育中小学生的家国情怀

中华民族千百年来，始终割舍不下的就是家国一体的家国情怀，在传统文化中，家和国是割裂不开的，爱国和爱家是紧密联系在一起的。在"爱国为民"的家庭观念的影响和熏陶下，中国人民始终将自己的"小家"与国家这个"大家"自觉联系起来，并时刻维护和热爱它。

正如儒家经典思想所倡导的一样，"修身、齐家、治国、平天下"被每个人熟知并践行，家国情怀深深根植于中国人民心中。爱国为民的家国情怀是每个中小学生所必须具备的思想意识，只有将家国共同意识、一切为了人民的理念置于心中最高的位置，才能在今后的学习和工作中，将个人理想与国家的发展和人民的幸福有效结合起来，才能致力于中华民族伟大复兴中国梦的实现。

优良家风能够为涵育中小学生的家国情怀提供新的思路和借鉴，以优良家风为起点，为中小学生种下爱国为民的思想种子，使其明白家与国、个人与集体的密切关系，使其在成长成才过程中自觉树立起家国情怀、家国共同体意识，在实践中成长为政治立场坚定、理想信念远大、情怀深、素质高、能力强的为党、国家及社会作出重大贡献的一代新人。

（二）优良家风涵养中小学生的意义

1. 坚定优秀传统文化的自信自觉

中华民族在千百年的历史中造就了独具特色的优秀传统文化，在一代代中国人的传承中，其文化底蕴历久弥新。同时，中华优秀传统文化不仅是几千年来中华民族克服艰难险阻、创造美好生活的精神支撑和伟大财富，更是整个民族迈向未来、实现伟大梦想的精神支柱。民族文化传承，国家繁荣富强，需要具有中华民族文化基因的中华儿女去实现和完成，只有一代代中国人对本民族文化怀有高度的自信，并自觉承担起文化传承的责任，才能主动发挥自己全部的青春力量为中华民族的未来奋斗。

优良家风蕴涵着独特的中华传统文化基因，是家庭长期坚持的精神意志，也是家庭不断发展的行为导向。发现和认识优良家风的价值作用，探寻和挖掘优良家风中蕴藏的传统美德和民族精神，将优良家风融入中小学生的培育当中，彰显优秀传统文化的特别魅力，能使优秀的传统文化得到更深层次的传承和传播，也能使中小学生对于文化理论的掌握在深度和广度上不断拓展，使其精神世界和精神境界更加充盈，自觉形成强大的精神动力，推动民族的发展壮大。

2. 回归关注人的全面发展的价值追求

党和国家一直以来都将人的全面发展作为教育工作的核心，通过各种方式和途径培育被寄予厚望的学生，使其德智体美劳全面发展，这也是党教育人才和培养人才的价值追求。

家庭教育、学校教育、社会教育等多方面教育共同构成了中小学生教育的系统合力，为促进中小学生的全面发展提供各方面力量。其中，家庭教育为中小学生在进入学校和社会之前的人格培育打下坚实的基础，是培育拥有健全人格、全面发展的人的不可或缺的环节。因此，探析优良家风的教育意义，以优良家风引领中小学生的培养具有积极作用，这是为青年人的成长成才、德智体美劳全面发展筑基打底。

3. 践行社会主义核心价值观的本质要求

当前培育中小学生的重要内容及本质要求就是要让社会主义核心价值观深入人心。国家、社会和个人三个层面的价值追求和道德规范构成了社会主义核心价值观，其中的核心内容蕴含着中华优秀传统文化基因，是中华民族历经千年的经验总结，也寄托着中华儿女的美好憧憬。优良家风从以下三个方面得到体现：

在个人层面，优良家风表现为个人的品质、处世原则和安身立命的价值观，诸如仁心、勤勉、诚信、正直、忠义、孝悌。

在家庭层面，优良家风表现为家庭的长辈通过言传身教等潜移默化和深远持久的方式，培养子孙后代的为人处世、价值观和良好风尚。

在社会层面，优良家风强调个人、家庭和国家三者的有机统一，家庭成员通过优良的家风影响和培养孩子，引导孩子形成正确积极的思想，展现有责任担当的行为，促进孩子在各个方面健康向上地发展，从而培养出优秀的社会人，让他们勇于承担社会责任，成为对国家、对社会有贡献的人。

优良家风内容与社会主义核心价值观所倡导的内容具有内在一致性，二者相互联系，相辅相成。总的来说，优良家风为社会主义核心价值观的培育提供了现实载体，也是社会主义核心价值观深入人心的有效方法。

4. 凝聚实现中华民族伟大复兴的磅礴力量

中国梦对当代青年人来说是最伟大的梦想，也是其最向往实现的梦想。在党和国家的坚强引领下，当代青年人对于实现这个梦想也有了更加坚定地信心。当前，人民生活水平得到提高，国家经济发展更上一层楼，国家综合国力和综合实力不断向前发展，这些伟大成就和目标的实现并不是一蹴而就的，而是一代代中华儿女在中国共产党的领导下通过艰苦卓绝的奋斗得来的，也是无数中华儿女团结一致，靠着坚不可摧的精神意志追求而来的。要最终实现伟大的中国梦，新一代的青年人必须担负起责任来，更要凝聚起战无不胜、攻无不克的磅礴力量。

家庭中长辈的言传身教及家风熏陶的重要性仍然不言而喻，每个人的伦理思想和责任担当意识都是从家庭的教育和影响开始的。历史和现实反复证明，良好的家风会促进家庭成员具有优秀的品德人格、崇高的理想信念和踏实的苦干精神。一些伟大的先辈们在优良家风的影响下坚定了信仰，做到了爱党、爱国、为民，这些都是中小学生应该传承和弘扬的核心内容。培育中小学生应以家庭教育为基础，以优良家风为载体，使学生意识到家国是一体的，每个人应该把个人理想注入集体、国家共同理想当中，从而激发出个人在实现伟大梦想的过程中充满无限的热情和斗志，进而凝聚起战胜困难和实现目标的力量。

二、结合传统文化，提升中小学家庭教育

我国传统文化中包含了许多优秀的育儿知识，父母平时开展家庭教育时，要充分借助传统文化中的优秀育儿知识来教育子女，培养他们自尊自爱、自信自强的品质，让子女在长期接受传统文化的熏陶下，形成更高的个人素养与审美情趣，并且在不断接触传统文化的过程中，对我国传统文化有着更加深刻的理解和认知，进而产生强烈的民族自豪感和民族自信心，自觉主动地承担起将我国传统文化发扬光大的使命。

（一）将家庭教育与孝善文化相结合

我国自古以来一直将孝道置于教育的最高地位，孝善伦理是中华民族的传统美德之一，古代中国文化中甚至专门有孝道文化的范畴。只有通过深入学习孝道，一个人才能真正领悟感恩之情，内心充满善意。因此，在进行家庭教育时，父母首先应该巧妙地将传统文化中的孝善智慧与家庭教育相互融合。

我国传统文化中的孝道不仅包括孝顺父母，还涵盖了在社会生活中对老人和年幼者的尊敬和关怀等高尚道德观念。孝道是学生教育的基石，只有先领悟孝道，理解其中的深义，才能在学习过程中尊重父母、师长，以及友善同学。父母应该在日常生活中注重向孩子传递孝善文化的价值观。通过日常生活的种种方式渗透尊老爱幼的思想，有助于孩子在幼年时养成孝善的美德。

（二）在家庭教育中融入感恩教育

除了将孝善文化融入家庭教育中，父母还应当注重引入感恩教育。感恩教育对于培养学生的责任感具有重要作用。当今一代学生因物质生活水平的提高，常常受到父母和长辈的溺爱，以致有些学生缺乏感恩之心。这种情况导致一部分学生在学校中以自我为中心，缺乏对他人的尊重。因此，父母在日常家庭教育中引入感恩教育，能更好地培养孩子的责任感，教导他们明白获得他人帮助时应该怀有感激之情，时刻保持对周围人和事的感恩之心，学会尊重他人和珍爱生命。

（三）在家庭教育中融入友善教育

在现代社会中，社交能力是一项至关重要的技能，没有良好的社交能力，一个人难以成功融入社会。而友善待人是社交的基础，已经成为当今社会生活中必备的基本素养和社交礼仪。父母在教育过程中应着重教育孩子如何友善相处。在国民素质不断提升的今天，友善已经成为社会生活的重要组成部分。父母应该通过教育孩子如何友善待人，培养孩子的公共意识，使他们在与人相处时尊重他人，学会团队协作，以更加友善的方式解决问题。通过友善教育，可以促使孩子形成更为高尚的品格。例如，父母可在日常生活中提醒孩子不要喧哗，教育他们在使用公共交通工具时主动让座给需要的老人、儿童和孕妇，通过种种小事规范孩子的行为，帮助他们养成优秀的品德。

总之，家庭教育是塑造学生正确人生观和价值观的重要场所。父母应该在教育孩子的过程中巧妙地融合家庭教育和传统文化，使孩子在传统文化的熏陶下茁壮成长，更好地适应社会生活和自我发展。

第七章　传统文化在中小学道德与法治教学中的应用策略

第一节　明确教育目的，挖掘教学资源

一、明确教育目的，增强融入意识

（一）坚持马克思主义科学理论思想引领

一方面，以马克思主义科学理论为指导思想，在中小学道德与法治课中融入传统文化需要坚持用联系的观点、全面的观点，根据新时代中国特色社会主义的教育需要，建立家庭、学校、社会协同育人机制，家庭有良好的家风、学校良好的校风、社会有浓厚的传统文化学习风气等将深刻影响广大学生和教师，促使他们提高将传统文化与自身和课堂相联系的自觉性。要遵循学生身心发展的规律，社会发展的规律，有序有计划地不断强化对传统文化学习的意识。

另一方面，在增强融入意识时还要立足于近几年中小学道德与法治教学的实践，将马克思主义理论联系实际教学情况、学生生活环境，与时俱进、全面分析中小学各个年级的教学目标，明确融入的重点、难点内容，提高融入的科学性、逻辑性。

（二）遵循立德树人的任务导向

教育的根本任务是立德树人。我们在培养人的过程中，把德育放在重要位置，要全方位推进传统文化在德育方面和道德与法治课程中的落实。为了进一步进行这个重要的任务，全员、全方位、全过程都需要做出相应的努力。我国的传统文化发展历程中也一直比较重视立德树人，在培养人的过程中将德育放在首要位置。

一方面，在教材内容的选取上有意识地合理融入传统文化德育资源，选择统编版教材中的正面中华传统文化元素，以图片、故事、成语等多种载体形式表现在教学中，以此来

引导学生成为有品德的人才。

另一方面，作为道德与法治课的教师，我们有必要充分把握立德树人的要求，有意识地拓展教材中优秀传统文化有关的德育资源来引导熏陶学生，培养学生良好的品德行为。

总的来说，在道德与法治教学中，融入优秀传统文化时，要将德育素材作为必不可少的一部分，从而培养学生的道德品质。

（三）精准解读重要文件要求

增强融入意识，需要各地区教育行政部门和各所学校有关教师精准解读出台的一系列相关重要文件。

一方面，有关教师要关注时政动态，及时解读体悟政策、文件的要求，明确传统文化融入该课程的必要性和重要意义，从中掌握融入的重难点、突破点，以这些文件精神为引领，为我国优秀传统文化融入中小学的道德与法治教学进行有益指导。

另一方面，相关部门还可召开会议解读文件精神，请权威专家或者教研队伍对文件的精神以及措施进行提纲挈领、简明扼要地讲解，层层开展落实、具体细化，进而逐步增强各校道德与法治教师将传统文化融入教学的意识并提供科学的融入措施。

（四）领会道德与法治教学目标

道德与法治课是一门以中小学生生活为基础，引导和促进中小学生思想品德发展为根本目的综合性课程，具有思想性、综合性、人文性、实践性的特点。教学目标是教学活动的导向、出发点和最终归宿。在教学中要结合时代要求加强传统文化教育，进一步增强文化自觉和文化自信。中小学道德与法治的相关教师有必要深入解读课程标准增强融入意识，根据课标要求适度融入传统文化，在制定教学目标时有意识地将有关传统文化教育融入具体教学目标中，在教学过程中围绕教学目标展开课堂活动。

二、挖掘教学资源，丰富融入内容

（一）钻研教材资源

教材作为教师开展教学活动的依据，它规定了教学内容，也体现了教学目标。"中华传统文化源远流长、内涵丰富，是滋养青少年身心的取之不尽的思想文化源泉，是社会主义核心价值观教育用之不竭的教学资源宝库。"① 教师需要重视与研究教材中涉及的优秀传统文化内容，依据优秀传统文化的不同类型知识，设计对应的教学过程，重视对优秀传统文化的精神引导，以达到以文化人的教育效果。

第一，重视教材正文中所引用的古诗词、故事等优秀传统文化知识。教师既要挖掘每一融入知识的含义，又要查询相关知识背景，最重要的是将其德育思想、精神内涵深度引申并阐释。同时，教师必须以德育观为标杆，摒弃生硬绝对的价值对错、摒弃单向应试的知识灌输，树立"回归学生生活与成长"的德育理念，激发学生收获具有个体独特性的、符合主流价值观的道德理解与价值认知。

第二，重视小栏目中与优秀传统文化有关的活动。教师不可忽视小栏目的存在，要积极协调并开展相关实践活动，以实际行动畅行优秀传统文化落地。教师可以通过设计双向互动的、开放性的活动，将优秀传统文化融入教学过程之中。这既能激发初中学生对优秀传统文化的探究兴趣，又能真正地激活他们对知识内化后形成精神感悟。

（二）精选文化资源

教材是教学的主线，但决不能只讲教材。教师要依托教材内容，开发更多有益的优秀传统文化学习资源，实现以文化人的教育效果。在优秀传统文化中，有着浩如烟海的文学著作，有着名扬世界的建筑科技，蕴藏着丰富鲜活的伦理道德、价值追求、精神思想。因此，中小学道德与法治教师一定要畅游在优秀传统文化的知识海洋，精选与教材思想契合的文化知识，创造性地研究使用教材，丰富教学内容。

1. 挖掘教学资源库的优秀传统文化资源

教学资源库是教师专业搜寻学科教学资料的天堂，于教师而言，既为教学准备节约了找资料的时间，又为教学提供了便利。一方面，教师可以利用"中小学道德与法治网""政治学科网"等教学网站，也可以关注"初中政治网"等公众号。另一方面，可以利用学校统一购买的智库，也可以利用国家打造的优质公开课进行学习，如"一师一优课"网站。教师利用教学资源库必须认真挑选优质的传统文化内容，摒弃那些准入门槛低、内容简略的内容，同时借鉴优秀的教学思路，真正实现融入优质的传统文化内容。此外教师也可以选择查阅专业书籍、观看专业学习视频等方式挖掘教学资源。

2. 教师主动建设教学资源库，补充优秀传统文化相关内容

中小学道德与法治教师不仅要作为教学资源库的利用者，更要成为中小学道德与法治

---

① 史俊. 中华优秀传统文化是中小学道德与法治教育取之不尽的源泉 [J]. 思想政治课研究，2017（03）：73.

教学资源库的贡献者、建设者。

（1）教师可以将自己优质的教学设计、教学课件上传到资源库，实现教学资源的共享，这既为其他教师的教学提供了助力，避免资源的低利用，又能得到其他同行的教学反馈与改进建议，促进自身的教学反思，以实现教师的自我成长。

（2）对于学校内部的教学资源库，中小学道德与法治教师要以教研组为单位，以本校学生、学情为参考，开展教研活动。通过对融入的优秀传统文化的进行集体讨论、集体备课等方式，教师们互相提供建议与借鉴经验，从而建设符合本校特色的教学资源库。

（三）搜集社会时政素材

随着时代的变化，文化事业和文化产业繁荣发展，我国优秀传统文化资源不断被开拓创新，教育工作者也应与时俱进，结合当代生活与社会实践以及学生认知水平去挖掘利用相关社会时政素材，将传统文化的时代性运用社会案例表现出来。如与书法、舞龙、快板等兴趣班结合起来感受我国优秀传统艺术的趣味；与具有传统文化特色的广告牌设计风格和有关传统文化的广告宣传内容结合来分析其在社会广泛传播的原因；分析孔子学院在国外兴起的缘由，从而让学生在新时代新生活的变化中体悟传统文化，感受传统文化的魅力和社会乃至国际影响力，增强对中华文化的认同。

教师在课前讲解近期发生的国内外时事政治时，提炼出其中隐藏的文化素材，如 2022 年冬奥会上的冰墩墩、二十四节气、中国结、12 生肖等传统文化元素，将电视热播节目视频案例贯穿于课程进行分析，引导学生感知现实生活与优秀传统文化息息相关，让学生切身感知传统文化在我们的周边生活的存在，培养学生形成善于发现和挖掘传统文化资源的习惯，从生活中感受中华传统文化所绽放的活力与魅力，进一步培育有关文化认同、文化认知和文化自信。

（四）挖掘地方课程资源

每个地区都有自身独特的传统文化资源，不仅要大力挖掘地方资源，而且要充分利用地方资源，将地方资源用活、用好、用巧，将地方资源作为教学资源的重要组成部分。

教师可以在相关教学中列举本地区相关的传统文化知识，也可以从地方民风民俗、民间艺术、建筑物来分析其蕴藏的传统文化元素，以及分析本地区先进人物事例来了解传统道德品质、人物精神，以此来传播传统美德。一方面，可以将教材知识点用通俗易懂的方式传授给学生，让学生在结合身边事物、案例理解把握教材，更好地达到教学目标；另一方面，可以让本地区资源最大化利用，促进师生全面了解当地文化，认同并传播当地文化，有利于推动本地区相关传统文化的发展与传播。

（五）打造丰富的校园环境

学校要深刻认识到校园环境对学生的重要影响，注重传统优秀文化在校园环境中的渗透，开展具有特色的校园传统文化活动。学校要根据学生的兴趣爱好和心理特点，结合本地区、本校实际情况进行文化建设，进一步满足学生有关传统文化学习环境的需求。

首先，在校园文化建设方面，可以利用本校外围围墙、校内宣传栏、走廊、教室等制作一些符合学生认知水平的优秀传统文化相关内容的文化墙或者海报。如在教室的黑板报上展现一些传统艺术作品或传统文化的介绍、学校宣传栏展示解读传统思想文化的一些重要部分、美术室可摆放一些学生感兴趣的传统艺术摆件以及在走廊过道配置传统建筑的图文介绍等。这些学习环境、氛围的营造，便于学生在相应教学过程中直观理解，具体感知我国优秀的传统文化，从而使学生增强对中华文化的认同，进一步使道德与法治教学中的情感目标得以实现并加强。

其次，图书馆里面可以增添一些有关优秀传统文化的书籍或者资料，以便师生平时去了解优秀传统文化知识，给教师和学生提供学习传统文化的渠道和平台。教师能有效合理地在道德与法治教学中运用素材，学生可结合课堂所见所闻到图书馆查找，具体了解相关文化内容，开阔眼界，提高自我传统文化素养。

最后，可以利用校园广播、校园显示屏来传播传统文化知识。学校有必要组织开展丰富多彩的有关课外活动，例如参观博物馆、美术馆以及邀请历史家、艺术家等走进学校举办讲座。

总之，环境影响人，在一个充满传统文化气息的环境中，师生都会受到明显的影响，将传统文化不自觉地带入课堂教学中，映入头脑中，形成一种内在的文化认知反映。

（六）灵活利用网络资源

信息化飞速发展的现在，网络资源由于其跨时空等特性也逐渐成为教师学习不可或缺的一部分，教师要学会灵活运用网络资源以增强自身文化储备。

第一，优质课的学习。随着"一师一优课、一课一名师"活动的开展，越来越多的优质课在网络上出现。通过优质课的学习，教师不仅能够领略到不同教学策略的具体运用，有效促进自身专业成长，而且还可以使自己在较短时间内有效地掌握课堂教学技巧，提升自己。需要注意的是优质课的学习不仅仅局限于中小学道德与法治，还可以扩展到高中阶段政治课程中，充分体会优秀传统文化融入教学中所散发的魅力。

第二，文化类节目的学习。教师可以利用碎片化的时间在微博、学习强国等软件上观看相关内容的节目，如《传承的力量》《中国诗词大会》《朗读者》《主持人大赛》《舌尖上的中国》《上新了故宫》《神奇的汉字》以及《中国影像方志》中的山西篇等片段，在观看的过程中，不仅增强了对于本土文化的了解，还能够学到从不同视角解读传统文化。

第三，公众号的学习。关注与传统文化相关的公众号，公众号的学习主要有两种，即一般性公众号和校园公众号。关注高质量的一般性公众号，间歇性学习相关知识。有条件的情况下也可以在学校公众号内进行学习，如某公众号《弘扬传统文化，传承中华文明》的文章，讲述了弘扬中国传统文化，过中国人自己的传统节日，分别介绍了从春节、中秋再到重阳等节日的文化传统以及其蕴含的精神内涵、文化意义。通过公众号的学习，教师不仅增长了知识，也可以依托节日把其转化为教学资源，抓住教育时机，让学生明白中国不缺节日，中国的节日更不缺底蕴。

（七）融合其他学科知识

要着力推进传统文化融入课堂体系，提高教育者文化素养，为弘扬传统文化培育新一代接班人。目前来看，传统文化融入课堂体系，涉及语文、历史、道德与法治等学科。在道德与法治教学中可以融入语文、历史学科中所涉及的传统文化知识，既能增强本课的丰富性、趣味性，又能促进学科目标的推进，可以起到一举多得的作用。

例如，在具体教学中运用到学生在初中阶段学习的语文知识，教学"探问生命"这一课时借用在语文课上学过的孔子"未知生，焉知死"这一名言在课前进行提问导入，让学生思考，带着问题进入课堂学习；又或者结合学生在语文课堂中对孔子的了解，在道德与法治课上讲授"走进教师"一课时，出示万圣之师孔子的图片、借用韩愈《师说》里面的名言来作为导入。

结合历史课上学习的知识，如引用"郑和下西洋"的故事来引导学生去开辟一片属于自己的学习新天地。

融合其他学科的知识，在道德与法治中借用语文、历史科目的知识，教师在日常生活中需要广泛查阅资料，对相应阶段的语文、历史有较为熟悉的了解，还需要花一些时间浏览了解其他学科上融入的传统文化知识，在课前进行巧妙整合，课上进行拓展延伸；而学生对比较熟悉的知识已有部分了解能使课堂更加活跃。教师教研方面，各科之间可以组织跨学科教研，进行听课评课，备教案。各科组之间相互借鉴，取长补短。尤其是道德与法治课组教师多与语文组、历史组多学习交流，找出相同之处，不断优化学科教学模式。

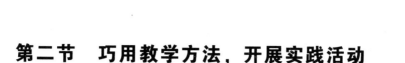

第二节 巧用教学方法，开展实践活动

一、巧用教学方法，创新融入方式

教学是落实课程标准、达成道德与法治课教学目标的主要途径和基本环节。在开展教学时我们既要充分分析教材、立足学情，确立合理的教学目标，依据本课教学内容采用适当的教学方法，还要充分利用好课堂主阵地，合理把控教学时间，可在课前、课中或者课后植入传统文化的有关内容。

（一）因课制宜，运用各种教学方法

因课制宜即根据本节课中传统文化知识涉及的多少或者类型来选择合适的教学方法。教学方法多种多样，但在具体教学中运用时要根据具体的教学内容和学情来选用。

对于传统文化知识比较多的或者集中的可以选择情境教学法、主题式教学、议题式教学、探究式教学，系统地、全面地将其融入教学过程中。如教学《中华一家亲》《守望精神家园》等。对于传统文化知识在本课教学中相对较少或是比较分散的，可以采用提问法或是讲授法进行融入。对于那些具体可感的传统文化，如艺术类，可以使用创设情境法，进行表演展示。

根据课程目标要求、涉及的知识要点选择适宜的教学方法，往往能达到事半功倍的教学效果。在教学中，渗透、整合传统文化时可以运用情境教育的方式，通过创造恰当的情境，就能够在很大程度增强学生对传统文化的学习兴趣，增进学生对传统文化的理解认识，从而增强学生的有关文化认同感。比如让学生参加关于传统文化的戏剧表演、演讲比赛、诗歌朗诵、文艺晚会等文化活动，引导学生根据自己的兴趣需要开展有关传统文化的主题研究，并梳理积累相关传统文化知识点。

如在讲授"孝"文化相关内容时，可以让学生就"传统孝道是否过时"这一话题展开辩论或联系二十四孝的故事进行课堂交流讨论，还可以通过布置作业的方式让学生围绕这个主题写作表达自己的感想。通过这种体验探究，结合教材相关链接中孝亲敬长的法律规定方面的了解学习，大多数学生能够大致理解传统孝文化，知道孝敬父母既是我国传统美德，也是我国每个公民的法律义务。

（二）因时制宜，利用课堂主阵地

因时制宜即根据本节课的教学时间（如课前、课中、课后）的不同，对课堂的时间进行合理把控，有效开展传统文化教育。中小学道德与法治教师在新学期开始写教学计划时要结合课程标准、总体教学内容将传统文化教育备入教案。根据每学期教材中文化的含量和学情合理展开优秀传统文化的学习。

在课前，教师可以花三分钟左右给学生展示一些优秀传统文化视频，如传统美德故事、传统建筑、传统节日等。

在课中，教师可以结合教材内容进行传统文化的植入。在学习时可以利用教师节、母亲节、父亲节的相关知识，带领学生了解传统节日的由来和意义，并让学生回忆自己在这些节目中的表现，表达自己的想法启发。

在课后，给学生布置实践作业自主查阅资料，了解玄奘西行取经的故事、郑和下西洋的故事体会学习新天地的含义，知道学习不分国界和文化具有包容性等内容。在课后，教师还可以利用班会课，组织学生观看一些先进历史人物的精神品质，通过榜样教育正面教育加强学生的道德认识，增强学生的道德意志，同时有利于学生道德行为的养成。

总之，教师从每个新学期的开始就要制定计划，注重培养学生对传统文化的兴趣。以教材内容为主要依据，结合时间、社会时政，充分利用课前、课中、课后时间，分阶段有序地合理充分融入传统文化。

（三）与时俱进，合理使用现代媒介

随着现代信息技术的应用发展，各种传播媒介应运而生，教师、家长需要对学生使用网络媒体的方式加以指引，将现代化媒介应用在教学中，可以较大程度地激发学生学习优秀传统文化的积极性，提升学生的学习兴趣，可以潜移默化地培养提升学生的道德修养。

在课堂教学中，合理利用互联网，将传统课堂与现代信息技术相结合，能调动课堂氛围，使课堂更加活跃。在发挥课堂优势的基础上，还可以充分利用校园广播、电子屏幕等校园传媒载体来创新优秀传统文化的传播途径，使得优秀传统文化在学校得以广泛传播。

此外，在周末或假期合理使用微信、QQ、微博或抖音等，传播一些健康有益的传统文化文章、图片、视频等，学生可以把比较零碎的时间利用起来学习传统文化，教育者可以以鼓励学生合理利用现代媒介深入了解自己家乡的文化传统、文化特色的方式，来巧妙开展传统文化教育，这种结合也利于将传统文化教育和道德与法治教育同向推进。

二、开展实践活动，开拓融入形式

充分利用好校内外资源、当地红色资源如革命根据地、爱国教育实践基地等积极开展实践活动，拓展创新融入形式是将传统文化融入中小学道德与法治课的重要策略之一。

（一）利用主题班会

主题班会是班级教育活动的重要形式之一，同样也是教师对学生进行思想教育的一个有效途径。主题班会充满教育性、知识性以及趣味性，使学生能够在相对轻松有趣的氛围中了解、传承传统文化。例如，设计"传优良家风，树家国情怀"的主题班会，先由学生分享自己的家风、家训，然后组织学生讨论良好的家风家训有什么作用，衍生到班风、校风以及家国关系上，通过教师主导学生参与，最后让学生明白良好的家风家训对社会的力量，如果每个家庭成员都能传承并发展良好的家风家训，那么对于国家发展来说就是一种稳定的力量。让学生在主题班会中受到教育，感知优秀传统文化。

（二）参观人文古迹

结合本土本校爱国教育基地、革命基地、博物馆、历史纪念馆等传统文化资源，持续开展实践活动。组织学生深入参观本地区历史古迹、红色革命根据地、传统文化产业基地、纪念馆或者美术馆、博物馆，尽可能了解当地民风民俗、历史文化。从传统文化、历史文化中汲取养分，并作为将传统文化融入道德与法治的有效策略之一。在日常学习生活中通过参观人文古迹了解传承传统文化，在实地参观的基础上，了解掌握相关历史事件，深刻感悟一些历史人物的精神品质，将所见所闻与道德与法治课所学紧密联系起来，深化或是拓展中华传统文化知识、欣赏传统艺术或建筑的风格、学习历史人物的精神品质、感受传统的思想文化等，能不断提高师生传统文化素养，提升师生认识美、感知美、创造美的能力，塑造师生良好的精神品质与道德情操。

（三）开展文化活动

第一，借助重大传统节日开展相关文化活动将传统文化融入中小学道德与法治教学中。如在端午节即将来临之时，提前给学生布置自主查阅有关资料的任务：弄清楚端午节的由来、风俗习惯、节日代表的意义等，在道德与法治课上进行交流，以此让学生对节日文化了解得更为全面、深刻。在中秋节的时候可以在班上开展活动，如晚会，组织学生准备节目进行表演，如开展有关中秋的诗词朗诵、情景剧、中秋知识竞答比赛等，派发月饼一起欢度中秋佳节，让同学们深刻体会传统节日的乐趣，增加对传统文化的认同和喜爱之情。

第二，通常学校每学期会开展一定的文化活动，如红歌比赛、诗词朗诵比赛、艺术月活动，教师鼓励学生积极参与活动，选取积极向上的符合活动主题的传统文化相关节目参与比赛，传播优秀传统文化。

第三，结合校园开设的兴趣班、其他课程教学，如书法班、国学班，手工课做剪纸、年画、窗花、中国结、语文、历史课等来体会并深入讲解传统文化的博大精深及其存在的价值意义。根据周边社区文化需要，组织学生利用课余时间安全有序地将传统文化在乡村或是社区进行专题宣讲，做一名志愿者，送文化进万家，以此传播优秀传统文化。有时校内或是有关部门会开展中华传统文化的有关活动，如唱红歌、经典朗诵比赛、书法展览等实践活动，鼓励学生参与，让学生在活动中直接接受传统文化的熏陶。

此外，思政教师还可以在条件允许的情况下有序组织学生践行敬老院帮扶活动，让学生作为一名义工去帮助老人、去敬老院做一些力所能及的事情，通过实践来培养学生尊老爱幼等道德品质。还可以带领学生集体参观历史馆、博物馆、纪念馆或美术馆等，直观感知传统文化在当代生活的活力和魅力。

第三节　提升师生素养，完善教学评价

一、提升师生素养，突出融入主体

思想政治教学过程也是教师和学生的认识和实践的过程，是教师和学生创造活动的过程。教师和学生是教学活动中的两大主体，将传统文化融入中小学道德与法治课要立足于教师和学生两大主体，在融入过程中，既要着重提升教师传统文化素养，又要重点关注学生学情。

(一) 提升教师素养

在课堂教学中，教师作为教学活动的主导者，引领整个教学活动的开展。因而，在优秀传统文化融入过程中，教师的教育观念、知识储备都影响着学生对优秀传统文化的传承与弘扬，影响着优秀传统文化融入中小学道德与法治课教学的效果。

高水平的师资队伍在教育教学活动的开展中将发挥很大的作用。传统文化教育的有效推进需要教师队伍具有较高的传统文化意识和较深的传统文化素养。因此很有必要培养一批专业过硬、传统文化素养水平较高的教育教学师资力量，需要重点培育提升教师的综合素养。道德与法治教师必须坚定政治信仰、与时俱进，把握时代脉搏，将传统文化精准"植入"日常教育教学中。

1. 转变教师教育观念

时代发展、全球变化都启示各国要重视文化、重视教育。在新时代背景下，教师作为课堂教学的引导人，能否成功将新理念、新内容、新标准注入课堂教学中是教学革新的关键。由于中小学道德与法治课教师面对考试分数、备课、教学任务重等多方面的压力，面对以统编新教材而展开的实际教学，中小学道德与法治教师的浅层教育观念已有一定的转变，如大部分教师逐渐认识到优秀传统文化的重要性，但深层教育观念仍比较传统。因此教师必须转变教育观念，这是培养时代高素质新人的关键。具体而言要做到以下方面：

（1）教师需要转变学生观。新课改实施以来，新的学生理念逐渐渗透到一线教学中，但部分教师在自身认知视域下，将学生视为被动学习的"载体"，无法真正转变学生观。为此，将优秀传统文化融入教学中，教师必须主动打破"教师为主，学生为辅""教师讲，学生听"的教师本位观，主动构建"以生为本"的观念。在备课时，教师要以学生成长为线索，将学生的所思、所为、性格、认知作为教学设计的基础条件，认真分析学生易接受哪些优秀传统文化知识。然后，在上课时，设计师生、生生互动思考，主动将教学可利用且学生感兴趣的文化知识融入其中。在课后辅导时，引导学生自己探索优秀传统文化与道德与法治思想，增强学生的人文底蕴，学会自己学习。当然教师在这一教学过程中，仍然需扮演引导者、点拨者的角色。只有综合"学生主体""教师引导"，才能正在打造优秀传统文化融入教学的高效课堂。

（2）教师需要转变人才观。新时代新要求。在全球联动发展下，培养具有道德意识、创新意识、公民意识的人才尤为重要。近年来有关青少年、成人的各种犯罪案例，无不在警示每位教师一定要摒弃"重知识轻精神""重智轻德轻法治教育"的观念。因此，在优秀传统文化融入教学这一过程中，教师必须重视优秀传统文化对中小学生自身成长的价值，善于利用优秀传统文化中具有教育意义的思想、理念、精神来引导学生完善道德修养、树立法治意识。争取培养出德智双全、知行合一的人才，也培养出有能力、有责任感与规则意识的公民型人才。

（3）教师需要转变教学观。受应试教育这一刻板观念的影响，教师的教学观念难以从"为考而学"的桎梏中挣脱出来。优秀传统文化融入教学并不仅是为了增加教材的文化元素，而更是期待引导学生理解，以致认同我国传统文化基因，更好地实现自身成长。同时中小学道德与法治课教学既是学科知识的释疑过程，也是德育的引导过程。这就要求教师充分挖掘优秀传统文化的精神含义，在传达知识的同时进行道德教育与理性思考。教师需注意的是，这不是识记书本知识的教育，也不是对与错的教育，而是要引导学生思考道德、法律、文化等知识背后的价值。在学生自我思考、释疑的过程中，能够将所学、所思应用于成长过程中，实现知行的有效转化。

2. 丰富教师文化知识储备

中小学道德与法治教师面对新版教材、面对学生、面对与时俱进的社会，必须树立终身学习的理念。在优秀传统文化对我国重要性不断提升的当下，夯实中小学道德与法治教师的文化知识是优秀传统文化融入教学的前提。具体而言，要做到以下方面：

（1）对职前教师而言，要增加优秀传统文化的相关专业课程，从师范生阶段开始重视对优秀传统文化的培养。这要求师范教育既要进行教学技能、教学研究等方面的学习，又要重视对专业知识、相关学科知识的积淀。此外，思政师范生要主动利用各种机会学习优秀传统文化，如名师讲座、线上课堂等。通过学校与自身的共同发力，为自身走向专业的道德与法治教师做好足够的知识储备，帮助职前教师熟悉未来的教学内容，把握优秀传统文化融入中小学道德与法治课的方向与目标。

（2）对在职教师而言，要积极对优秀传统文化知识进行查漏补缺。一方面，随着"互联网+教育"的兴起，云教育资源不断丰富，教师可以通过"慕课网""文化直播"等线上平台了解优秀传统文化；另一方面，教师也能通过阅读相关书籍、参加文化讲座、亲自走进博物馆等线下方式学习优秀传统文化。只有通过不断学习，才能完善自身的知识结构，增加对优秀传统文化的深刻理解与掌握。此外，教师也要通过年级教研活动对优秀传统文化多加探讨交流。将其融入的内容、方式等相互分享学习，以实现教师的优势互补与共同进步，从而将优秀传统文化与中小学道德与法治课教学真正联系与融合，提高优秀传统文化融入的质量。

3. 加强教师之间的合作交流

由于教师工作的个体性以及部分教师认为只要自己认真备课就可以完成教学任务等原因，教师更多关注的是师生之间的互动或者是学生间的互相合作，很少关注教师之间的教学交流。"三人行，必有我师焉"，加强教学交流不只是指同一学科教师的交流，更包括跨学科教师之间的交流。

同一学科教师的交流，主要集中在集体备课和其他相关教研活动中。从研究课程标准、解读教材内容到分析学情、收集辅助资料、设计教学方案，再到具体的课堂教学环节

（导入、讲授、提问、板书和小结）等，取长补短共同学习，使传统文化更巧妙地融入教学的方方面面并取得良好的教学效果。

新教材中各学科之间知识的渗透性非常强，所以也要注重跨学科教师的交流。教师可以通过观摩语文、历史等传统文化内容比重较大的学科课堂教学，充分利用其他学科已有的资源。由于专业背景的不同，教师对于教材相关内容、辅助材料的解读思路也会有所不同，教师通过与其他学科教师的交流合作，得到启发，找到新的解读视角。跨学科的交流，不仅使教师增长了见识，有效提高教学水平，还能够帮助学生建立起知识点的联系以及学科之间的联系，构建完整的知识体系。

（二）关注学生学情

学生在教学过程中居于主体地位。教师在融入传统文化的教学过程中，要密切关注学生的基本情况，面向全体学生，调动培养学生对传统文化的学习兴趣。在融入传统文化的内容时，了解学生基本的传统文化素养，选择与学生认知水平相接近的素材，如选用的诗句、成语是学生学过的或者比较容易理解的，这些素材要贴近学生实际生活，如冬奥会上体现的一些传统文化元素，学校周边地区的民俗、民风、传统建筑或传统美食，选用一些为班级大部分学生较熟悉的素材来调动学生的学习兴趣，在此基础上适当拓展外延一部分传统文化知识。

二、完善教学评价，构建融入机制

教学评价，是对教学价值的判断、评定和测量，就是对教学价值的判断过程。教学评价要突出学生的主体性地位、教师的主导作用，要采用多样化的评价方式、坚持多元化的评价主体和关注全面化的评价内容，使教学评价更有深度、广度、效度。

（一）评价方式更加多样化

将过程性评价与结果性评价相结合，将试卷考试与日常行为考察相结合，在日常学习中关注学生对传统文化知识点的了解掌握，在教学过程中注意引导学生分析积累传统文化素材，关注班级学生对材料的理解情况，间接了解学生传统文化学习情况，在练习或考试试题中根据学生作答情况进行直观评价。还可以通过与语文教师、历史教师交流，侧面了解班级学生传统文化素养的大致情况，从而客观地对传统文化融入课堂的情况作出评判，让教师了解自身在融入过程、融入方法上需要作出的一些调整，明确融入的重点与难点。不仅要使用正面与侧面相结合的评价方法、综合直接与间接了解到的情况，还要合理运用各种各样的评价方式，如在过程性评价中加强了解传统文化融入中小学道德与法治学科的落实与跟进情况，有效调整学生学习态度。在结果性评价中评价教学结果，对阶段性教学情况进行反馈。

此外，对于优秀传统文化融入中小学道德与法治的评价方式，还可以课上回答、课下观察学生对传统文化的自觉自主学习等方式来侧面评判融入的进展与效果。评价方式的多样化可以让教师更加准确地了解学生对相关内容的掌握理解情况，增加教学评价的有效度，使教学评价综合性更强，从而提升中小学道德与法治课的教学质量。

（二）评价主体更加多元化

在以往的教学活动过程中，任课教师、学校领导、学科专家为一般的评价主体，领导和学科专家在教研讨论点评时，对教学活动中传统文化融入的一些情况会适当进行评价；任课教师通常以学生有关传统文化素养的积累多少、对道德与法治教材中传统文化知识的了解理解来评价，而且在这些评价主体中经常是以教师的评价为主体，学科专家和校领导的参与力度还需要加大。

在当今教育信息化时代，有条件也有必要让更多的人员参与到评价中来，学校、社会、家长、学生广泛参与优秀传统文化融入道德与法治课程效果的评价之中，能够使有关评价更为客观、全面。同时还能为传统文化的融入对策提出更多的建议。因此，在开展传统文化融入该课程教学的评价中，可以通过开家长会引导家长在家庭注意家风对学生的影响，还可以利用现代媒介积极引导学生、家长和其他教师参与其中，对课程进行综合性的点评，共同发现问题并建言献策，这将帮助教师提高教学水平，促进优秀传统文化教育在该课程中的融入推进。教师要结合教学评价意见和建议适当修改教学内容、教学设计，正确处理自身在教学中的优缺点。

（三）评价内容更加全面化

评价传统文化在中小学道德与法治课中的融入情况。对于教师自身方面进行评价时，可以从总体的融入目标来评价，如根据道德与法治的课程标准和实际教学课题中涉及的有关传统文化教育的目标，来评价教师是否将优秀传统文化的学习作为教学目标中的一个点来融入。评价教学过程中的内容，如是否运用优秀传统文化作为导入、案例或者作业布置中涉及优秀传统文化内容。对于学生评价的内容而言，中小学道德与法治作为一门开卷考试科目，考试内容比较灵活，其中试题涉及的传统文化内容可能比较多，对其融入道德与法治的教学评价不应该局限于学科方面的知识和分数，而且要重视日常传统文化对学生德育方面的影响。中小学道德与法治内容具有思想性、人文性、综合性。

在进行教学内容评价时，既要关注智育方面的内容，又要注意德育内容在教学中的渗透。以促进学生的全面发展为目的，对学生的综合情况进行评价，要全面关注学生的实践能力、心理素质、学习态度、行为习惯等方面。

参考文献

［1］艾萍著. 优秀传统文化的教育视角研读［M］. 长春：吉林出版集团股份有限公司，2020.

［2］陈大文，文天天. 论大中小学法治教育的侧重点［J］. 马克思主义理论学科研究，2021，7（01）：89-95.

［3］陈芳. 中国传统节日文化在道德与法治教学中的渗透［J］. 西部素质教育，2019，5（15）：37.

［4］陈坤，秦玉友. 中小学传统文化课程内容建构的价值、困境及重构［J］. 教育学术月刊，2020（06）：96.

［5］陈秋菊. 初中道德与法治教学的优化策略［J］. 西部素质教育，2019，5（19）：48.

［6］邓生锋. 信息技术在小学道德与法治教学中的应用［J］. 西部素质教育，2019，5（11）：146.

［7］郭成. 课堂教学设计［M］. 北京：人民教育出版社，2006.

［8］胡以存. 中小学传承优秀传统文化应注重准确性与适用性［J］. 教学与管理，2020（15）：85.

［9］黄唤英. 小学道德与法治教学中中华优秀传统文化教育的实施［J］. 西部素质教育，2023，9（10）：67-70.

［10］黄丽萍. 浅谈核心素养理念下的初中道德与法治教学实践［J］. 科技风，2020（17）：80.

［11］李冰芳. 情感教育在初中道德与法治教学中的渗透［J］. 华夏教师，2020（08）：34-35.

［12］李敬. 基于中华优秀传统文化的现代教育话语体系建设研究［J］. 教育理论与实践，2022，42（31）：60.

［13］林晓芹. 新媒体环境下初中道德与法治课思维能力的培养策略［J］. 传播力研究，2019，3（26）：194.

［14］刘雪，李向楠，张业伟. 小学低年级学生优秀传统文化素养培养策略［J］. 白城师

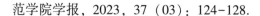

范学院学报，2023，37（03）：124-128.

［15］马建萍. 道德与法治共融的德育课堂［M］. 南昌：江西教育出版社，2021.

［16］齐国胜. 法治教育路径拓展中的传统文化因素考量［J］. 山西警察学院学报，2019，27（02）：5-9.

［17］邱瑜瑜. 基于新课标的初中道德与法治教学新样态［J］. 亚太教育，2023（13）：155-158.

［18］曲天立. 中华优秀传统文化教育课程的系统设计与实施［J］. 教育理论与实践，2020，40（26）：41.

［19］任翔. 探索中小学中华优秀传统文化传承发展模式［J］. 人民教育，2022（06）：29-32.

［20］史俊. 中华优秀传统文化是中小学道德与法治教育取之不尽的源泉［J］. 思想政治课研究，2017（03）：73.

［21］孙本良. 优秀传统文化传承策略分析［J］. 文化创新比较研究，2022，6（28）：176.

［22］孙艳，王瑞东，李湘粤. 将中华优秀传统文化融入青少年思想政治教育的思考［J］. 产业与科技论坛，2020，19（10）：127-128.

［23］王冠. 翻转课堂构建小学道德与法治趣味课堂的思考［J］. 科学咨询（教育科研），2021，（03）：230.

［24］王建栋. 中华优秀传统文化融入初中道德与法治课的策略研究［J］. 中国民族博览，2023（10）：81-83.

［25］王兰涛. 中小学法治教育的路径与实施策略［M］. 北京：华文出版社，2021.

［26］王柳娜. 青少年法治教育融入中华优秀传统文化的研究［J］. 广西青年干部学院学报，2018，28（06）：23-26.

［27］王玥. 中华优秀传统文化融入青少年思想政治教育有效途径研究［J］. 山东行政学院学报，2015（06）：101-104.

［28］翁文静. 中国传统文化融入初中道德与法治教学的途径研究［J］. 亚太教育，2022（09）：52-54.

［29］吴丽红. 谈情感体验教学法在小学道德与法治教学中的实践［J］. 亚太教育，2019（07）：96-97.

［30］许东，刘秀霞. 推动优秀传统文化多维融入 做好中小学全环境立德树人［J］. 山东干部函授大学学报（理论学习），2022（08）：59-62.

［31］许艺. 小学道德与法治教育的有关问题分析［J］. 中外企业家，2020（15）：228.

［32］严洁. 将中华优秀传统文化融入学科教学［J］. 现代教学，2015（05）：42.

［33］杨祥瑞. 传承中华优秀传统文化教学策略［J］. 中学政治教学参考，2023（26）：69.

［34］杨艳秋. 中华传统文化基本特征刍议［J］. 中华文化论坛，2022（03）：22.

［35］袁荣高，张波，欧鎏. 中国传统文化教育［M］. 成都：电子科技大学出版社，2019.

［36］袁滢. 道德与法治课程与教学［M］. 长沙：湖南大学出版社，2020.

［37］张平霞. 优秀传统文化融入道德与法治课教学的探究［J］. 中学政治教学参考，2021（14）：87.

［38］张应强，张乐农. 大中小学中华优秀传统文化教育衔接初论［J］. 高等教育研究，2019，40（02）：72-82.

［39］赵颖. 小学道德与法治微课教学方式要点探究［J］. 亚太教育，2022（11）：106.

［40］周松峰. 在新形势下强化优秀传统文化教育的框架与途径［J］. 福建省社会主义学院学报，2017（05）：63.

［41］左小文. 中小学校中华优秀传统文化课程建设探析［J］. 福建教育学院学报，2018，19（11）：16.